David Feinstein: *Einfach klopfen!*

AF288330

VAK CONCEPT

David Feinstein

Einfach klopfen!

Schnelle Hilfe
bei emotionalen Belastungen

In Zusammenarbeit mit
Fred P. Gallo, Donna Eden und dem
Energy Psychology Interactive Advisory Board
Vorwort von Candace Pert

 VAK CONCEPT

VAK Verlags GmbH
Kirchzarten bei Freiburg

Titel der amerikanischen Originalausgabe:
Energy Psychology Interactive. Self-Help Guide
© David Feinstein, 2003
Erschienen bei: INNERSOURCE, Ashland, OR (USA)
ISBN 0-9725207-6-7

Bibliografische Information der Deutschen Bibliothek

Die Deutsche Bibliothek verzeichnet diese Publikation in der Deutschen Nationalbibliografie;
detaillierte bibliografische Daten sind im Internet über http://dnb.ddb.de abrufbar.

VAK Verlags GmbH
Eschbachstraße 5
79199 Kirchzarten
Deutschland
www.vakverlag.de

3. Auflage: 2006
© VAK Verlags GmbH, Kirchzarten bei Freiburg 2005
Fotos: Jacqueline Passon. Model: Kerstin Wiedemann
Übersetzung: Karin Beeck
Lektorat: Norbert Gehlen
Umschlag: Hugo Waschkowski, Freiburg
Satz und Druck: Friedrich Pustet GmbH, Regensburg
Printed in Germany

ISBN-13: 978-3-935767-56-9
ISBN-10: 3-935767-56-0

Inhalt

Für Jean Houston,
eine unserer Größten

Hinweise des Verlags

Dieses Buch dient der Information über Möglichkeiten der Selbsthilfe bei kleineren psychischen Alltagsproblemen. Wer sie anwendet, tut dies in eigener Verantwortung. Autor und Verlag beabsichtigen nicht, Diagnosen zu stellen und Therapieempfehlungen zu geben. Die Informationen in diesem Buch sind nicht als Ersatz für professionelle therapeutische Behandlung bei größeren psychischen Störungen zu verstehen.

Der Begriff *Energy Psychology*® ist ein geschützter Markenname von VAK.

Vorwort

Unsere Möglichkeiten, selbstzerstörerische emotionale Muster zu überwinden, ein höheres Niveau psychischen Wohlbefindens zu erreichen und die eigene Wahrnehmungsfähigkeit jenseits unserer fünf Sinne zu entwickeln, nehmen rasant zu. Dieses Buch öffnet die Tür zu einem weiteren großen Schritt vorwärts in diesem Bereich.

Die biochemischen Grundlagen unserer Wahrnehmungen – etwa von Empfindungen Schmerz und Wohlbefinden, von Trieben wie Hunger und Durst, von Emotionen wie Ärger und Freude – konnten ebenso entschlüsselt werden wie die der so genannten „höheren" Geisteszustände wie Ehrfurcht und Inspiration. „Informationssubstanzen" wie Hormone, Peptide und Neurotransmitter finden nach einem höchst erstaunlichen Plan der Natur ihren Weg zu Rezeptormolekülen, die sich auf der Oberfläche jeder unserer Körperzellen befinden.

Diese „Emotionsmoleküle" formen unsere Stimmungen und Gedanken. Bemerkenswert daran ist, dass dieser Prozess als eine Art „Kreisverkehr" abläuft: Emotionen und Gedanken lösen eine Reihe aufeinander folgender chemischer Reaktionen aus – einschließlich der Bildung neuer Neuronen! –, die ihrerseits wiederum die Auslöser für weitere Emotionen und Gedanken bilden. Eine Reihe von Untersuchungen lassen sogar den Schluss zu, dass Meditation als Hilfe bei Ängsten und Depressionen ebenso effektiv ist wie entsprechende Medikamente.

Dieses Buch bietet eine Synthese von Verfahrensweisen zur bewussten und gezielten Veränderung der Emotionsmoleküle. Diese Techniken haben gegenüber einer Behandlung mit Medikamenten vier unübersehbare Vorteile: Sie sind nichtinvasiv (sie greifen nicht von außen ein), sehr spezifisch, sie haben keinerlei Nebenwirkungen und sie kosten nichts. Energetische Interventionen haben ihren Ursprung in einem sich unaufhaltsam verbreitenden Denkmuster, das schon seit langem zentraler Bestandteil der Weltanschauung der Medizin und Spiritualität des Ostens ist, aber immer noch außerhalb des Wahrnehmungskreises der Wissenschaft und Forschung des Westens liegt.

Diese Techniken und Verfahrensweisen zielen auf das Energiesystem des Menschen. Das vorliegende Anleitungsbuch lehrt diese Energie so zu beeinflussen, dass dadurch Muster verändert werden, die unsere Emotionen, Gedanken und Verhaltensweisen bestimmen und die für uns von Nachteil sind oder uns einfach nur einschränken.

Einfach klopfen! ermöglicht ein erstes Kennenlernen eines neuen Gebietes der Psychologie. Die Methode bedient sich des Klopfens von Akupunkturpunkten und bringt damit ungewöhnliche Techniken in die therapeutische Praxis ein; sie dient ebenso sehr dem Integrieren der Energie wie dem Vermitteln neuer Einsichten. Die Vorgehensweise kann, wie Sie im Folgenden sehen werden, zunächst seltsam wirken. Das Spektrum klinischer und anderer Anwendungsmöglichkeiten wird noch diskutiert, mein persönlicher Eindruck aufgrund meiner eigenen Erfahrungen ist jedoch, dass dieses Spektrum enorm breit ist.

Einfach klopfen! ist sozusagen der allgemein verständliche Extrakt aus einem Handbuch für Therapeuten (– bisher nur in Englisch verfügbar, Titel: *Energy Psychology Interactive;* nähere Informationen unter www.EnergyPsychologyInteractive.com); es öffnet allen Interessierten den Zugang zu dieser neuen Methode. Der Autor, David Feinstein, untersuchte zu Beginn seiner Laufbahn an der psychiatrischen Abteilung der *Johns Hopkins University Medical School* Innovationen in der Psychotherapie – zur gleichen Zeit, als ich dort meine ersten Untersuchungen der Rezeptoren für Beruhigungs- und Betäubungsmittel durchführte. Dreißig Jahre später stehen nun die Schnittpunkte von Psychotherapie und energetischer Medizin im Zentrum seines Interesses.

In den dazwischen liegenden Jahrzehnten arbeitete er als klinischer Psychologe und entwickelte in dieser Funktion ein effektives therapeutisches System; mittlerweile empfiehlt er sich jedoch auch durch sehr ungewöhnliche Referenzen – eine davon, und sicher nicht unbedeutendste, ist sicherlich seine Ehe mit einer der bekanntesten energetischen Heilerinnen, Donna Eden.

Mit dem Lehrwerk *Energy Psychology Interactive* präsentierte Dr. Feinstein eine Auswahl aus der Vielzahl von Techniken, die bereits von mindestens 5000 Psychotherapeuten, deren Arbeit sich ausdrücklich auf das körpereigene Energiesystem konzentriert, angewandt werden. In Abstimmung mit Dr. Fred Gallo, Autor mehrerer innovativer Fachbücher zur *Energy Psychology*®, sowie Donna Eden, die die Perspektive der energetischen Medizin beisteuerte, suchte er die viel versprechendsten Verfahrensweisen aus; er ordnete sie zu einem systematischen Ansatz, der klinisch arbeitende Psychologen, die mit *Energy Psychology*® noch nicht vertraut sind, in die grundlegenden Verfahrensweisen einführt. Daraufhin legte er seine Arbeit einem Beratergremium von 24 anerkannten Fachleuten vor mit der Frage, ob dieses Programm die grundlegenden Verfahrensweisen abdeckt.

Diese Vorgehensweise war notwendig, da sich innerhalb dieses noch neuen Fachgebietes der Psychologie bereits unterschiedliche Strömungen und Zweige entwickelt haben; die Mitarbeit dieser 24 Fachleute hatte dann auch zahlreiche Änderungen zur Folge, die so lange abgestimmt werden mussten, bis ein Konsens gefunden war. Aufgrund dieser sehr gründlichen Vorgehensweise liegt mit *Energy Psychology Interactive* ein außerordentlich nützliches Einführungswerk vor, das alles enthält, was klinisch arbeitende Psychologen, die daran interessiert sind, diese innovativen Verfahrensweisen in ihre Arbeit einzubeziehen, wissen müssen. Dieses umfassende Handbuch, das dem vorliegenden Selbsthilferatgeber zugrunde liegt, ist eine Synthese des aktuellen Status quo.

Die *Energy Psychology*® hat sich rasch zu einem Brennpunkt der Strömung entwickelt, die sich als Bewusstseinswandel in der Medizin beschreiben lässt. Immer häufiger stützen Forschungsergebnisse die These, dass das Heilen von Emotionen nicht nur das Tor zu einem glücklicheren, erfüllteren Leben ist, sondern auch die Tür zur Heilung des Körpers von Krankheiten. *Energy Psychology*® ist eine richtungsweisende Therapieform und David Feinsteins Bücher sind die richtungsweisenden Anleitungen dazu.

Prof. Dr. Candace Pert
Georgetown University School of Medicine

Einleitung

Vor einiger Zeit hielt ich ein Seminar in Südafrika ab und viele der Teilnehmer nahmen in den Gemeinden, in denen sie lebten, eine führende Rolle ein; sie alle waren gekommen, um etwas über die unbewussten Glaubenssätze und Beweggründe zu erfahren, die unser menschliches Leben maßgeblich mitbestimmen. Am ersten Abend erzählte eine Teilnehmerin, dass sie panische Angst vor Schlangen habe und dass es für sie fast unmöglich sei, durch die grasbewachsene Außenanlage die wenigen Meter vom Seminarraum bis zu ihrer Unterkunft zu gehen. Mehrere andere Teilnehmer boten ihr daraufhin an, sie zu begleiten. Ich erkannte sofort, dass ich ihr bei dieser Phobie schnell helfen konnte, und vereinbarte mit ihrem Einverständnis, dass ein Tierpfleger am nächsten Morgen eine Schlange aus dem nahe gelegenen Tierreservat in den Seminarraum bringen sollte.

Ich ordnete die Stühle so an, dass zwischen der Seminarteilnehmerin und dem Tierpfleger mit der Schlange ein gebührender Abstand lag, sie die Schlange jedoch gut sehen konnte. Ich fragte sie, wie sie sich denn fühle – zusammen mit der Schlange im selben Raum. Sie sagte mir, dass sie kein Problem damit habe, solange sie die Schlange nicht anschauen müsse – aber sie sagte auch, dass sie ihren Körper wenige Minuten zuvor verlassen habe. Mit Hilfe von Techniken und Verfahrensweisen, die Sie in diesem Buch erlernen können, war die Teilnehmerin nach etwa einer halben Stunde in der Lage sich vorzustellen, dass sie sich in unmittelbarer Nähe einer Schlange aufhalten konnte, ohne dabei Angst zu empfinden. Ich fragte sie, ob sie bereit sei, zu der Schlange auf die andere Seite des Raumes zu gehen. Die Teilnehmerin machte sich auf den Weg, ihre Körperhaltung und ihre Bewegungen drückten Zuversicht aus, die sich schnell zu wahrer Begeisterung steigerte, mit der sie die Schönheit der Schlange beschrieb. Sie fragte den Tierpfleger, ob sie die Schlange streicheln dürfe, und tat es zunächst zögernd, dann aber mit zunehmender Sicherheit. Sie teilte uns mit, dass sie dabei vollständig in ihrem Körper war. Ihre lebenslange Angst hatte sich in Luft aufgelöst (und kehrte nie mehr wieder).

Die Gruppe war daraufhin natürlich begierig die Techniken zu erlernen, deren Demonstration sie kurz zuvor miterlebt hatte, und ich unterrichtete sie in demselben, grundlegenden Ablauf, wie er auch in Teil I dieses Buches dargestellt ist. Eine der Teilnehmerinnen war Diabetikerin, litt jedoch gleichzeitig an einer so starken Phobie vor Nadeln, dass sie über mehrere Jahre alle medizinischen Tests abgelehnt hatte, die aufgrund ihrer Erkrankung eine schlichte medizinische Notwendigkeit waren. Sie bat um Hilfe bei diesem Problem. Ich suchte daraufhin einen anderen Teilnehmer aus der Gruppe, der mit ihr arbeiten wollte. Es stellte sich heraus, dass die Teilnehmerin mit der Angst vor Schlangen während des Seminars mit ihr zusammen im gleichen Zimmer untergebracht war – sie erklärte sich bereit mit ihr zu arbeiten. Die Angst vor Nadeln konnte in einer 45-minütigen Sitzung, die die beiden Teilnehmerinnen außerhalb des Seminarraums durchführten, aufgelöst werden. Später erfuhr ich, dass die Teilnehmerin mit der Angst vor Nadeln für den letzten Tag des Seminars einen Arzttermin zur Blutentnahme vereinbart hatte und dass sie ruhig und gelassen zusehen konnte, wie das Blut abgenommen wurde. Die Verfahrensweisen, die bei der Auflösung dieser Phobie angewandt wurden, stammen aus der *Energy Psychology*® und sind bei einer Vielzahl anderer Probleme und Ziele ebenso wirksam und es spielt keine Rolle, ob es sich dabei um die Verringerung von Angst oder Eifersucht oder um die Steigerung des Selbstvertrauens oder der Selbstsicherheit handelt.

Die *Energy Psychology*® (dieser Begriff wird hier gleichbedeutend mit energetischer Psychotherapie oder einfach energetischer Therapie gebraucht) ist ein äußerst effektiver therapeutischer

Ansatz, der von einer wachsenden Zahl von Therapeuten angewandt wird. Seine Techniken und Verfahrensweisen kann man jedoch größtenteils auch in Selbsthilfe anwenden, um persönliche Veränderungen auf den Weg zu bringen.

Ursprünglich war dieses Anleitungsbuch nur als Informationsquelle für Klienten von professionell arbeitenden Therapeuten gedacht und sollte die partnerschaftliche Zusammenarbeit zwischen Klienten und Therapeuten fördern. Darüber hinaus bietet es jedoch eine verständliche und nützliche Einführung für jeden, der an *Energy Psychology*® interessiert ist. (Anmerkung des Verlags: Da der Methodenname „Energetische Psychologie" bereits von einem anderen Urheber für einen anderen Ansatz in Anspruch genommen wurde, hat VAK sich den Begriff *Energy Psychology*® für den deutschen Sprachraum als Markennamen schützen lassen.)

Emotionale Probleme – in der Biochemie des menschlichen Körpers kodiert

Eine Computertomographie unseres Gehirns (oder irgendein anderes Abbildungsverfahren der modernen Medizintechnik), aufgenommen, während wir unter Stress stehen, Angst haben oder ein Trauma erleiden, lässt sehr deutlich erkennen, dass bestimmte Gehirnbereiche – hauptsächlich im limbischen System, das unsere Emotionen steuert, und in den Stirnlappen, die deren Bedeutung interpretieren – Alarmsignale empfangen, die auf dem Monitor als Lichtsignale abgebildet werden. Eine Vielzahl emotionaler Probleme machen sich immer dann bemerkbar, wenn Erinnerungen, Gedanken oder Vorstellungen die Amygdala (Teil des limbischen Systems) dazu veranlassen, Furcht oder Aggression zu aktivieren oder uns in einen besonderen Alarmzustand zu versetzen, selbst wenn in diesem Augenblick weder Trauma noch reale Bedrohung existieren.

Immer dann, wenn wir irgendetwas sehen oder hören, was unbewusst an ein vergangenes schmerzliches oder traumatisches Erlebnis gekoppelt ist, werden in unserem Gehirn dieselben Alarmsignale ausgelöst wie in der entsprechenden *realen* Situation in der Vergangenheit – auch wenn in der gegenwärtigen Situation gar keine Gefahr droht. Die emotionale Reaktion kann überwältigend sein, sie kann aber auch sehr viel subtiler ausfallen. So könnte es zum Beispiel sein, dass Sie nur etwas weniger klar denken können oder dass Sie verwirrende Gefühle empfinden, die Sie nicht verstehen. Dieser grundlegende Ablauf, dessen wir uns nicht bewusst sind, bildet die Grundlage für viele Probleme oder Störungen in Emotionen und Verhalten.

Wie *Energy Psychology*® Abhilfe schafft

Die Verfahrensweisen der *Energy Psychology*® decken zwar ein sehr breites Spektrum ab, im Kern geht es jedoch darum, das psychische Problem bewusst zu machen und die jeweiligen Akupunkturpunkte zu stimulieren, die der einprogrammierten Reaktion unseres Gehirns auf diese „Bedrohung" entgegenwirken. Auf diese Weise wird das Nervensystem sehr rasch neu trainiert und lernt, dem psychischen Problem künftig ohne schmerzliche, einschränkende oder überholte Emotionen, Verhaltens- oder Denkweisen zu begegnen.

Es könnte sein, dass die Techniken, die Sie in diesem Buch erlernen werden, Ihnen zunächst seltsam erscheinen, und vielleicht werden Sie sich fragen, wie dadurch etwas verändert werden kann. Wissenschaftliche Untersuchungen hinsichtlich der Wirksamkeit dieser Verfahren wurden erst vor kurzer Zeit eingeleitet, in verwandten Bereichen ist die Forschung jedoch bereits weiter vorangeschritten. So ist zum Beispiel die Anästhesie durch Akupunktur mittlerweile weltweit anerkannt und wird vielseitig eingesetzt, ihre Wirksamkeit ist bereits in zahlreichen

Untersuchungen von Blinddarmoperationen bis zur Gehirnchirurgie dokumentiert.

Für uns Einwohner westlicher Industrienationen ist es noch immer eine Herausforderung, derartige Ansätze mit unserem Denksystem zu vereinbaren; von dort ist es jedoch nur noch ein kleiner Schritt bis zum Verständnis dafür, wie Ängste und andere emotionale Probleme durch das Stimulieren von Akupunkturpunkten aufgelöst werden können. Dieselben grundlegenden Techniken und Verfahrensweisen eignen sich nicht nur zum Überwinden emotionaler Probleme, sondern bieten auch die Möglichkeit, positive Veränderungen zu erreichen.

Welches auch immer Ihr ganz persönliches Ziel sein mag – ob es etwa um das Überwinden von Ängsten oder um sicheres Auftreten in der Öffentlichkeit geht: Mit der Methode der *Energy Psychology*®, bei der Sie sich die Situation vorstellen und *gleichzeitig* Techniken anwenden, die die Reaktion Ihres Gehirns optimieren, haben Sie ein wirkungsvolles Instrument der Selbsthilfe zur Hand.

Überblick

Dieser Leitfaden stellt Ihnen das Werkzeug zur Verfügung, mit dessen Hilfe Sie das Energiesystem Ihres Körpers so konditionieren können, dass emotionale Probleme überwunden und positive Ziele erreicht werden und das innere Wohlbefinden maximiert wird. Er ist in zwei Abschnitte unterteilt:

Teil I: Spezifische Probleme und Ziele bearbeiten

Es spielt keine Rolle, welche Themen Sie bearbeiten wollen – mit Hilfe der Verfahren der *Energy Psychology*® können Sie sicherstellen, dass Ihre körpereigenen Energien mit Ihren persönlichen Ziele übereinstimmen und dass sie Ihr Voranschreiten auf Ihrem Weg persönlicher Veränderung unterstützen. Der Hauptteil dieses

Buches besteht deshalb in diesem Abschnitt, in dem Sie Techniken und Verfahrensweisen lernen, die in ähnlicher Form von Therapeuten in der Praxis angewandt werden; zusätzlich werden Möglichkeiten aufgezeigt, wie Sie Ihre Fortschritte zu Hause festigen und stabilisieren können.

Teil II: Das Fließen der Energie optimieren

Befinden sich die elektromagnetischen und alle anderen Energien, die unseren Körper mit Leben erfüllen, in optimaler Harmonie und können diese ungehindert fließen, so fühlen wir uns gesund, lebendig und voller Vitalität. Wie es um diese Energien steht, das wird natürlich von vielen unterschiedlichen Faktoren bestimmt; dennoch lässt sich das Fließen der Energie durch eine Reihe von Übungen verbessern, was sowohl eine Steigerung des seelischen Wohlbefindens als auch des allgemeinen Gesundheitszustandes zur Folge hat. Im zweiten Abschnitt dieses Buches stellen wir Ihnen deshalb ein tägliches Fünf-Minuten-Programm zur Optimierung des Energiestroms vor.

Was dieses Buch kann und was es nicht kann

Dieses Buch war ursprünglich für Psychotherapeuten gedacht, damit diese ihren Klienten Hilfsmittel zur Unterstützung und Verstärkung der in den therapeutischen Sitzungen angewandten Verfahrensweisen an die Hand geben konnten. Mittlerweile ist jedoch erkennbar – und es liegen viele Fallbeispiele vor, die dies belegen –, dass sich diese Methode auch ohne die Hilfe eines professionellen Therapeuten effektiv anwenden lässt. (Vgl. www.emofree.com, www.eft-innovations.com, www.instantemotionalhealing.com, www.unstressforsuccess.com)

Diese Techniken und Verfahrensweisen können Ihnen bei vielen psychischen und emotionalen Stolpersteinen im täglichen

Leben helfen, Sie sollten sich jedoch auch ihrer Grenzen bewusst sein: Dieses Buch ist nicht dazu geeignet, ernste psychische Erkrankungen ohne die Hilfe eines qualifizierten Mediziners oder Psychologen zu bearbeiten. Auch als reine Selbsthilfe bei Krankheitsbildern wie schwere Depression, starke Ängste, Persönlichkeitsstörungen, bipolare und dissoziierende Störungen und Psychosen, Nachwirkungen schwerer Traumata oder körperlicher Angriffe sowie schwerer Missbrauch sind die hier aufgeführten Techniken und Verfahrensweisen ungeeignet. Wir raten dringend, in derartigen Fällen die Hilfe eines professionellen Therapeuten in Anspruch zu nehmen. Qualifizierte Hilfe ist in jeder Stadt erhältlich. Die hier beschriebenen Techniken können die Behandlung ernster psychischer Störungen durch professionelle Fachleute unterstützen, sie sind jedoch kein Ersatz für professionelle ärztliche Hilfe.

Sie eignen sich jedoch mit Sicherheit als Unterstützung beim Umgang mit den Höhen und Tiefen des täglichen Lebens und für das Erreichen Ihrer persönlichen Ziele. Sie können diese Verfahrensweisen dazu einsetzen, negative Gedanken und Verhaltensweisen zu verändern; sie können dazu beitragen, störenden oder hinderlichen Emotionen wie unangemessener Ärger, Kummer und Schuld, Eifersucht, Furcht, Abhängigkeit, Selbstverurteilung, Traurigkeit oder Scham besser entgegenzuwirken. Mit ihnen können Sie sich auf eine Reise begeben, auf der Sie die Register Ihrer Gefühle geschickter und bewusster ziehen lernen und Ihre emotionale Intelligenz und innere Harmonie entwickeln. Vielleicht werden Sie angeregt, weitere Möglichkeiten der Hilfe in Anspruch zu nehmen. Alle dies soll dazu dienen, dass Sie für die Herausforderungen des täglichen Lebens besser gewappnet sind und zu mehr Lebensqualität und produktiverem Handeln gelangen.

Teil I
Spezifische Probleme und Ziele bearbeiten[1]
Die grundlegenden Ideen

Energy Psychology® gründet sich auf die Ergebnisse klinischer Forschungen, mit denen nachgewiesen wurde, dass sich psychische Befindlichkeiten durch das Stimulieren bestimmter Akupunkturpunkte auf der Hautoberfläche verändern lassen.[2] Wer-den diese Punkte stimuliert, während im Geiste gleichzeitig bestimmte Bilder und Gedanken im Zusammenhang mit einem Problem oder Ziel wachgerufen werden, so bewirkt diese Vorgehensweise Veränderungen im Bereich der Neurochemie, der Emotionen und Gedanken und im Verhalten.

Viele psychische Probleme und Zielvorstellungen lassen sich mit energetischen Verfahrensweisen bearbeiten. Unerwünschte physische oder emotionale Reaktionen sowie störende oder eingefahrene Denk- oder Verhaltensmuster lassen sich mit Hilfe dieser Methode verändern. Mit Ausnahme der Krankheitsbilder, die ausschließlich von qualifizierten Ärzten oder Therapeuten behandelt werden sollten, lässt sich eine Vielzahl der Probleme des täglichen Lebens mit Hilfe der Techniken, die in diesem Leitfaden beschrieben werden, bearbeiten und verändern; viele Therapeuten ermuntern ihre Klienten mittlerweile dazu, diese für Themen wie etwa die folgenden selbstständig zu nutzen:

- Emotionale Reaktionen wie zum Beispiel: „Immer wenn ich einen großen Hund sehe, steigt in mir die Angst auf, die daher rührt, dass ich als Kind gebissen wurde."
- Körperliche Reaktionen wie zum Beispiel: „Wenn ich nur daran denke, meinem Chef die Stirn zu bieten, bekomme ich schon Kopfschmerzen."

- Denkmuster wie zum Beispiel: „Ich mache mir schreckliche Sorgen, dass meine Tochter erst dann einen Mann findet, wenn es zum Kinderkriegen schon zu spät sein wird."
- Verhaltensmuster wie zum Beispiel: „Ich schwöre mir immer wieder, dass ich meine Gesprächspartner nicht mehr unterbrechen werde, wenn sie mit mir reden; trotzdem leiden alle meine Beziehungen weiterhin unter dieser schlechten Angewohnheit."

Dieser erste Teil stellt eine Abfolge von Techniken vor, mit deren Hilfe sich die den oben genannten und ähnlichen Problemen zugrunde liegenden energetischen und neurologischen Muster verändern lassen. Sehr häufig lässt sich das Problem auf diese Weise lösen oder zumindest abschwächen, gleichzeitig entsteht oft ein völlig neues Problembewusstsein.

Die einzelnen Schritte

1. Energetische Empfänglichkeit für Veränderung herstellen

Bevor wir uns einem psychischen Problem zuwenden, steht eine ganze Reihe von Techniken zur Verfügung, die sich dazu eignen, die Energien des Nervensystems bereits im Vorfeld ins Gleichgewicht zu bringen und den Energiefluss zu optimieren. Neben dem generellen Nutzen für körperliches und seelisches Wohlbefinden erhöhen diese Übungen die Empfänglichkeit des Körpers für die nachfolgenden energetischen Verfahren. Im zweiten Teil dieses Buches finden Sie eine umfassendere Version, an dieser Stelle stellen wir zunächst eine kurze Abfolge von sechs einfachen Übungen vor. (Die gesamte Abfolge lässt sich in etwa 90 Sekunden durchführen.) Diese Übungsfolge wird bei vielen Gelegenheiten das energetische Gleichgewicht des Nervensystems unterstützen und die Wirksamkeit der Verfahrensweisen, die später vorgestellt werden, erhöhen. Diese sechs Übungen sind in zwei einfachen Sequenzen zusammengefasst:

Die drei Klopfpunkte

Werden bestimmte Punkte auf unserem Körper mit den Fingerspitzen sanft geklopft, so bewirkt dies, dass elektrochemische Impulse an bestimmte Gehirnbereiche gesandt werden, die wiederum die Freisetzung bestimmter Neurotransmitter auslösen.

Werden drei bestimmte Bereiche auf unserem Körper, die wir hier die drei Klopfpunkte nennen, in einer bestimmten Reihenfolge durch Klopfen stimuliert, so wird dadurch eine Reihe innerer Reaktionen ausgelöst, die zum Beispiel bewirken, dass Sie wieder munter werden, wenn Sie müde sind, oder dass Ihre Vitalität erhöht und Ihr Immunsystem unter Stress gestärkt wird.

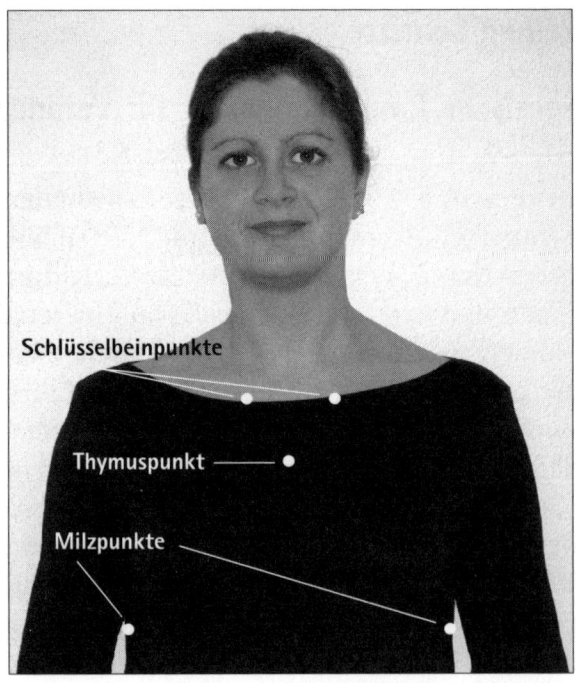

Sie können diese drei Punkte auch immer dann klopfen, wenn Sie einen Energieschub brauchen.

Machen Sie sich nicht zu viele Gedanken darüber, ob Sie die genaue Lage eines jeden Punktes finden. Benutzen Sie einfach mehrere Finger und klopfen Sie ungefähr an der Stelle, die in der Abbildung gezeigt wird, dann werden Sie den richtigen Punkt mit Sicherheit treffen. Klopfen Sie so stark, dass Sie das Klopfen hören können – es sollte jedoch niemals unangenehm sein oder Ihnen gar Schmerzen bereiten. Richten Sie dabei Ihre Aufmerksamkeit auf das Klopfen und auf Ihre Absicht, den Energiefluss in Ihren Körper zu verbessern.

Schlüsselbeinpunkte

Thymuspunkt

Punkte	Ungefähre Klopfzeit
Schlüsselbeinpunkte	15–20 Sekunden
Thymuspunkt	15–20 Sekunden
Milzpunkte	15–20 Sekunden

Die Milzpunkte (MP 21) heißen auch „Unter dem Arm" (vgl. Seite 33). Die Schlüsselbeinpunkte heißen in der Akupunktur Ni 27. Der Thymuspunkt ist der Akupunkturpunkt ZG 20.

Milzpunkte

Die drei Nabelpunkte

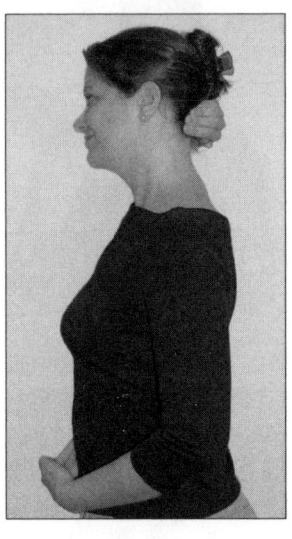

Im Anschluss an die drei Klopfpunkte atmen Sie tief ein und aus und führen dabei folgende Übungen durch:

Nabel / Schädelbasis:
Finden Sie die weiche Stelle, an der Ihr Nacken in die Schädelbasis übergeht. Legen Sie mehrere Finger mit leichtem Druck auf diese Stelle. Den Mittelfinger der anderen Hand legen Sie auf den Nabel, und zwar mit sanftem Druck nach innen und oben. Bleiben Sie etwa 12 Sekunden in dieser Position.

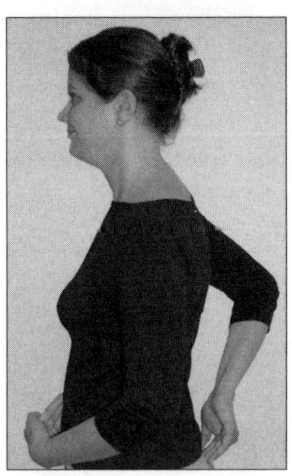

Nabel / Steißbein:
Halten Sie nun gleichzeitig Steißbein und Nabel etwa 12 Sekunden lang; Sie können die Punkte auch sanft massieren.

Nabel / Drittes Auge:
Legen Sie den Mittelfinger einer Hand auf das Dritte Auge (zwischen den Augenbrauen, über der Nasenwurzel). Den Mittelfinger der anderen Hand legen Sie auf den Nabel. Üben Sie mit beiden Fingern etwa 12 Sekunden lang sanften Druck nach innen und oben aus.

* * *

Diese kurze, sechsteilige Übungsfolge sollten Sie sich merken und immer dann anwenden, wenn Sie das Gefühl haben, geistig oder körperlich nicht optimal zu funktionieren. Sie ist ein Schnellstart für Ihr Energiesystem und sie kann energetisch und neurologisch Fortschritte bei Problemen in Gang bringen, die Sie bisher nicht in den Griff bekommen haben.

2. Ein Problem auswählen und es mit Hilfe einer Skala bewerten

Das Zielproblem bestimmen

Das Thema, das Sie bearbeiten wollen, kann zum Beispiel Veränderungen in folgenden Bereichen zum Ziel haben:
- Emotionale Reaktionen (wie zum Beispiel „Meine Angst vor Hunden überwinden"; „mich bei einer offiziellen Präsentation sicher fühlen")
- Körperliche Reaktionen (wie zum Beispiel „Die Stresskopfschmerzen loswerden, die mit meinem Verhältnis zu meinem Chef zusammenhängen"; „ruhig und gelassen bleiben, wenn mein Ehepartner sich mir gegenüber gefühllos verhält")

- Denkmuster (wie zum Beispiel „mich von meiner übertriebenen Sorge um die biologische Uhr meiner Tochter befreien"; „mich auf die Stärken und Erfolge meines Sohnes konzentrieren")
- Verhaltensweisen/Gewohnheiten (wie zum Beispiel „andere beim Reden nicht mehr unterbrechen"; „mir mehr Zeit für Entspannung nehmen")

Das Zielproblem auf einer Skala einordnen und damit bewerten

Haben Sie sich für ein bestimmtes Thema oder Problem entschieden, bei dem Sie positive Veränderungen erreichen wollen, so ordnen Sie es bitte auf einer Skala von 0 (kein Stress) bis 10 ein; Bewertungsgrundlage sollte dabei der Stress sein, den Sie empfinden, wenn Sie an das Problem *denken*. Verwenden Sie diese Einschätzung als eine Art Maßstab, mit dem Sie im Verlauf des Verfahrens Ihren Fortschritt messen können.

Für den Erfolg dieses energetischen Verfahrens ist es weder notwendig noch wünschenswert, ein vergangenes Trauma nochmals zu *durchleben*. Sollten Sie ein emotional „brennendes" Thema bearbeiten wollen, so stehen eine Reihe von Techniken zur Verfügung, mit deren Hilfe Sie die Erinnerung, die Situation oder das Gefühl *in einem gebührenden Abstand* halten können. Sie könnten die Erinnerung oder die Situation zum Beispiel auf der Skala einordnen, während Sie sie durch einen langen *Tunnel* hindurch betrachten. Sie könnten sich auch einfach nur *vorstellen*, wie es wäre, wenn Sie an das Thema *denken* würden. In den Fällen, in denen es um die Bewertung einer traumatischen Erinnerung geht, fordert Gary Craig seine Klienten auf einfach einmal zu *raten*, wie hoch (auf der Skala von 0 bis 10) die emotionale Stressintensität wohl wäre, wenn sie sich den Vorfall lebhaft vorstellen würden; er bezeichnet dieses Vorgehen als „Trauma ohne Tränen".

Bereitet es Ihnen jedoch Schwierigkeiten, sich überhaupt auf das Problem zu konzentrieren oder Zugang zu den dazu gehörenden Emotionen zu finden, so sollten Sie sich einfach mehr Zeit nehmen, um sich innerlich auf Ihr Vorhaben einzustimmen; *denken* Sie dabei an das Problem und atmen Sie gleichzeitig tief ein und aus. Es besteht auch die Möglichkeit, bestimmte Begleitumstände wachzurufen, die das Problem aktivieren, oder Sie spielen in Ihrer Erinnerung langsam und bewusst eine *Situation* nochmals durch, die zeitlich *vor* oder *nach* dem traumatischen Ereignis lag. In vielen Fällen ist es auch eine große Hilfe, von der betreffenden Situation im Geiste einen „Film" zu drehen.

Finden Sie einfach heraus, was für Sie am besten funktioniert, damit Sie an diesem Punkt des Verfahrens die Intensität des Unwohlseins festlegen können, die das Problem oder die Situation genau in dem Moment bei Ihnen auslöst, in dem Sie damit Kontakt aufnehmen (– im Gegensatz zu dem, was Sie empfinden würden, wenn Sie sich noch einmal *in der Situation selbst* befänden). Schreiben Sie eine Zahl zwischen 0 und 10 auf; diese steht dann für den Grad an Stress, den der Gedanke an Ihr Problem bei Ihnen auslöst (wobei 10 den größtmöglichen Stress bezeichnet und Sie bei 0 überhaupt keinen Stress empfinden).

3. Psychische Empfänglichkeit für Veränderungen herstellen

Immer wenn Sie den Entschluss fassen, eine Denk- oder Verhaltensweise oder eine Emotion zu verändern, sollten Sie sich darüber im Klaren sein, dass *der* Teil von Ihnen, der dieses Muster ursprünglich geschaffen hat, sich vielleicht Ihren Bemühungen widersetzt. Gewohnheiten sind häufig das Ergebnis hart erarbeiteter Kompromisse und sie werden fest in Ihr Energiesystem und Ihre Psyche eingebaut. Aufgabe Ihres Energiesystems ebenso wie Ihrer Psyche ist die Pflege und Erhaltung von

Überlebensstrategien. Nachteile dieser Gewohnheiten oder Muster, die Sie gerne ändern möchten, spielen dabei keine Rolle; von Bedeutung ist ausschließlich die Tatsache, dass Sie mit deren Hilfe überlebt haben; bestimmte Teile von Ihnen, die sich Ihrem aktiven Bewusstsein entziehen, sind daher für Ihre bewussten Bemühungen um Veränderung nicht unbedingt empfänglich. Vielleicht entscheiden Sie sich zum Beispiel, Ihre Angestellten stärker zu unterstützen, und stellen dann fest, dass Sie noch kritischer sind als sonst. Oder Sie nehmen sich vor, sich mehr Freizeit zu gönnen, und ertappen sich dabei, dass Sie noch weitere Aufgaben übernehmen.

Dieses Phänomen wird häufig als psychische Umkehrung bezeichnet (denn Sie tun genau das Gegenteil von dem, was Sie eigentlich wollen); für das Erreichen eines angestrebten Zieles kann es daher sehr hilfreich sein, wenn dieser unbewusste Konflikt mit eingeplant und mit bearbeitet wird. Psychische Umkehrungen sind sowohl unbewusste Widerstände gegen bewusst angestrebte Ziele als auch Widerstände im Energiesystem unseres Körpers. Kennen Sie das Puzzlespiel, bei dem Sie einen Finger in jedes Ende eines Strohhalms stecken müssen und dann feststellen, dass Ihre Finger immer fester stecken, je stärker Sie versuchen sie herauszuziehen? Genau so fühlt sich eine psychische Umkehrung an: Alle Ihre Anstrengungen bewirken genau das Gegenteil dessen, was sie bewirken sollen. Jede effektive Therapie bezieht psychische Umkehrungen in der einen oder anderen Weise in die Arbeit mit ein, denn solange diese nicht gelöst sind, ist die Chance auf einen tief greifenden oder anhaltenden Erfolg anderer therapeutischer Maßnahmen eher unwahrscheinlich. Die *Energy Psychology*® zielt genau auf die energetischen und psychischen Wurzeln dieser Umkehrungen und hat einige überraschend einfache Möglichkeiten entwickelt, mit diesen potentiellen Hindernissen auf Ihrem Weg zu mehr aktiver Einflussnahme auf Ihr Leben umzugehen.

Die Eröffnungsaussage

In der therapeutischen Praxis müssen psychische Umkehrungen häufig gesondert behandelt werden.[3] Wir wollen Ihnen hier ein einfaches, umfassendes Verfahren präsentieren, mit dem viele psychische Umkehrungen sich auflösen lassen und Ihrem Fortschritt im Bezug auf Ihr Ziel energetisch und psychologisch der Weg bereitet wird. Dieser Teil wird auch als *Set-up* oder Eröffnungsaussage[4] bezeichnet und besteht aus zwei Schritten, nämlich der Eröffnungsaussage selbst und dem energetischen Verfahren; dabei wird gleichzeitig eine bestimmte Stelle am Körper sanft mit den Fingerspitzen massiert. Die Eröffnungsaussage richtet sich nach dem folgenden Schema:

Ich liebe und akzeptiere mich von ganzem Herzen, auch wenn ich

---

In den Leerraum wird eine kurze Beschreibung des Themas oder Problems eingefügt, das bearbeitet werden soll, wie etwa:

- *Ich liebe und akzeptiere mich von ganzem Herzen, auch wenn ich Angst vor Hunden habe.*
- *Ich liebe und akzeptiere mich von ganzem Herzen, auch wenn ich bei dem Gedanken an eine Auseinandersetzung mit meinem Chef Kopfschmerzen bekomme.*
- *Ich liebe und akzeptiere mich von ganzem Herzen, auch wenn ich diese übersteigerte Sorge hinsichtlich der biologischen Uhr meiner Tochter habe.*
- *Ich liebe und akzeptiere mich von ganzem Herzen, auch wenn ich immer diesen Drang verspüre, andere beim Reden zu unterbrechen.*

Jedes psychische Problem oder problematische Verhalten (von heftigem Verlangen nach Schokolade bis zu den Schwierigkeiten mit dem Aufschlag beim Tennis) lässt sich in dieses Schema übersetzen.

Die Formulierung „Ich liebe und akzeptiere mich von ganzem Herzen" erscheint auf den ersten Blick vielleicht wie eine allzu simple und platte Selbstbestätigung, in Wahrheit trifft sie jedoch den Kern der psychischen Umkehrung. Sobald Sie sich eine persönliche Veränderung zum Ziel setzen, werden auch die Mechanismen aktiviert, mit denen Sie sich selbst beurteilen und ablehnen. Diese lassen sich auf die in jeder Kultur und jeder Familie üblichen Gepflogenheiten zurückführen, mit denen die Gedanken, Einstellungen und Verhaltensweisen von Kindern geprägt werden. Vielleicht haben Sie etwa die Vorstellung „Ich will regelmäßig Sport treiben"; gelingt es Ihnen nicht, diese Vorstellung in ein Verhalten umzusetzen (oder die gewünschte Veränderung in Ihrem Innern zu erzeugen), so sinkt dadurch automatisch Ihr Selbstwertgefühl. Je mehr Energie Sie aufbringen, um die gewünschte Veränderung zu erzwingen, desto mehr Energie bringen auch *die* Teile Ihres Energiesystems auf, die auf Erhaltung des Bewährten ausgerichtet sind, um die Veränderung zu verhindern.

Dieser scheinbar automatische Ablauf lässt sich offenbar mit einer bewussten Aussage umgehen, die die Selbstannahme trotz des unerwünschten Musters verstärkt; dadurch lassen sich die Mechanismen der Selbstablehnung ebenso ausschalten wie Widerstände gegen unsere bewusste Absicht. „Ich liebe und akzeptiere mich von ganzem Herzen" erfüllt in der Regel diesen Zweck; andere starke, positive Affirmationen wie zum Beispiel „Meine Absichten sind rein" sind vielleicht sogar noch besser.

Die Affirmation sollte am besten laut und mit Gefühl und Einfühlungsvermögen gesprochen werden. Dabei spielt keine Rolle, ob Sie diese Aussage für wahr halten oder nicht, denn es handelt sich um eine Selbst-Suggestion, die dadurch wahr wird, dass Sie

sie laut aussprechen und gleichzeitig bestimmte Akupunktur-punkte stimulieren. Im Rahmen des Grundschemas sind natürlich noch weitere Alternativen möglich; entscheidend dabei ist, dass das Problem anerkannt und trotzdem oder gerade deshalb eine Affirmation der Selbstannahme formuliert wird. Das in unserem Beispiel verwendete Schema ist leicht zu merken und vielfach erfolgreich erprobt.

Andere Schemata betonen stärker die Wahl oder andere Mög-lichkeiten (als die Selbstannahme)[5], die einem offen stehen, wie etwa: „Ich treffe die Wahl zu erkennen, dass ich mir mehr Zeit nehmen muss, um regelmäßig und mit Freude Sport zu treiben", oder: „Ich liebe und akzeptiere meinen Sohn von ganzem Herzen, auch wenn ich immer noch seine Fehler im Auge habe." Man geht dabei so vor, dass man gleichzeitig bestimmte Akupunktur-punkte stimuliert, die helfen können, eine negative Selbstein-schätzung mit einer positiven Wahrnehmung oder dem Erkennen einer Möglichkeit zu koppeln. Im Grunde wird dadurch der nega-tive Gedanke so programmiert, dass er zum Auslöser für eine positive Wahl wird.

Diese Methode lässt sich selbst in solchen Situationen ein-setzen, die hoffnungslos oder überwältigend sind. Ein Klient mit einer Depression formulierte in seiner ersten Therapiesitzung die Aussage: „Ich treffe die Wahl, unerwartet Hilfe in dieser Therapie zu finden, auch wenn mein Leben ohne Hoffnung ist." In einem Schreiben an ihre Kollegen machte die Psychologin Patricia Car-rington am Tag nach den Terroranschlägen vom 11. September Vorschläge, wie den Menschen geholfen werden könnte, mit den psychischen Auswirkungen dieser Ereignisse fertig zu werden; sie schlug unter anderem ihre „Wahlmethode" vor und gab Beispiele für Formulierungen wie etwa: „Ich treffe die Wahl, aus diesen Ereignissen etwas ganz Grundlegendes für mein Leben zu lernen, auch wenn ich von diesem schrecklichen Geschehen schockiert und verwirrt bin", oder: „Ich treffe die Wahl, ein ruhender Pol inmitten dieses Chaos zu sein, auch wenn ...", oder: „Ich treffe die Wahl, dass dieses schreckliche Ereignis mir das Herz öffnet", oder: „Ich treffe die Wahl, den göttlichen Plan für das Gute in all dem zu erkennen."

Die energetische „Intervention"

Während Sie die Eröffnungsaussage sprechen, führen Sie *gleichzeitig* die energetische „Intervention" (Eingriff, Maßnahme, Aktivierung, Stimulierung) durch. Unser Energiesystem lässt sich dadurch beeinflussen, dass wir bestimmte Punkte oder Bereiche auf der Hautoberfläche massieren, klopfen, dehnen, halten oder mehrere Punkte bzw. Bereiche mit der Hand abfahren. Die Effektivität der Eröffnungsaussage lässt sich noch erheblich steigern, wenn wir dabei einen *der* Punkte halten, die „Wunde Punkte" genannt werden. Diese befinden sich im oberen linken und rechten Abschnitt der Brust und sind leicht zu finden; drücken Sie einfach mit Ihren Fingern auf verschiedene Stellen, bis Sie eine oder mehrere Stellen finden, die schmerzempfindlicher sind als ihre Umgebung. Dies ist die Stelle, die Sie massieren, während Sie dreimal laut die Eröffnungsaussage sprechen. Sie können auf beiden Seiten der Brust diese Stellen *gleichzeitig* massieren.

Die „Wunden Punkte" sind neurolymphatische Punkte, an denen sich bevorzugt Giftstoffe ansammeln, die den Energiefluss im Körper blockieren. Die Schmerzempfindlichkeit dieser Stellen rührt daher, dass durch das Massieren die Ansammlung von Giftstoffen aufgebrochen wird und diese dann abfließen können; dadurch kann die Energie zum Herzen, im Brustraum und im ganzen Körper wieder frei fließen.

Das Massieren eines Wunden Punktes sollte nur ein geringes Maß an Unbehagen verursachen. Wird es Ihnen sehr unangenehm, so üben Sie beim Massieren weniger Druck aus. Auch wenn Sie in diesem Bereich der Brust eine Verletzung oder eine Operation hatten oder wenn es vielleicht einen anderen Grund gibt, warum Sie diesen Bereich nicht massieren sollten, dann wechseln Sie einfach auf die andere Seite. Gibt es irgendwelche medizinischen Einwände gegen ein Massieren der Brustpunkte, so können Sie stattdessen den „Handkantenpunkt" massieren, der jeweils auf der Außenseite einer Hand liegt. Eine weitere Alternative besteht darin, die Affirmation zu sprechen und gleichzeitig die energetische Aktivierung Nabel / Drittes Auge durchzuführen (vgl. Seite 23).

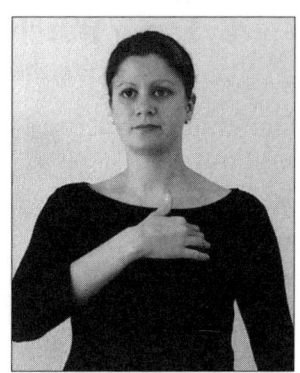

Ein „Wunder Punkt"

Zusammenfassung: Es ist notwendig, zunächst eine grundsätzliche Empfänglichkeit für energetische Maßnahmen herzustellen. Um dies zu erreichen, wiederholen Sie dreimal eine Eröffnungsaussage oder Affirmation wie etwa: „Ich liebe und akzeptiere mich von ganzem Herzen, auch wenn ich ... (Kurzbeschreibung des Problems)." Massieren Sie dabei gleichzeitig die Wunden Punkte auf der Brust, klopfen Sie die Handkantenpunkte oder führen Sie die Aktivierung von Nabel / Drittes Auge durch.

Handkantenpunkt (Dü 3)

4. Erster Durchgang: Die Punkte klopfen und dabei an das Problem denken

Der erste Durchgang mit den energetischen Techniken besteht aus drei Teilen:

- Klopfsequenz
- Brückenübungen
- Klopfsequenz (Wiederholung von A)

Die Klopfsequenz

Das Klopfen bestimmter Akupunkturpunkte in einer bestimmten Reihenfolge beeinflusst das Fließen der Energie durch die energetischen Bahnen in unserem Körper, die Meridiane genannt werden. Es gibt 14 Hauptmeridiane, von denen jeder mit bestimmten Punkten auf der Hautoberfläche in Verbindung steht; werden diese Punkte geklopft oder auf andere Weise stimuliert, so hat dies Einfluss auf den Energiefluss im ganzen Körper. Klinische Untersuchungen lassen vermuten, dass es in der Regel ausreichend ist, mit einer *Auswahl* dieser Punkte zu arbeiten, da die Meridiane auch untereinander verbunden sind und das Stimulieren eines einzelnen Meridians andere beeinflussen kann. Es wurden bereits unterschiedliche Kombinationen von Punkten erprobt. In der Sequenz oder dem Ablauf, den Sie *hier* erlernen, werden acht Punkte verwendet, die aus *Emotional Freedom Techniques* (EFT) und *Thought Field Therapy* (TFT) stammen:

Die acht EFT-Klopfpunkte

- AB: Augenbrauenpunkt – am inneren Ende der Augenbraue, am Übergang zwischen Augenbraue und Nasenbein. (Bl 2)
- SA: Seitlich des Auges – auf dem knöchernen Rand der Augenhöhle. (GB 1)
- JB: Jochbein – unterhalb des Auges, auf dem Jochbein, bei gerade ausgerichtetem Blick direkt unterhalb der Pupillenmitte. (Ma 1)

Klopfen Sie jeden Punkt etwa sieben Mal (nur auf *einer* Seite oder auf beiden Seiten gleichzeitig)!

HK: Handkantenpunkt

AB: Augenbrauenpunkt
SA: Seitlich des Auges
JB: Jochbein
UN: Unter der Nase
UL: Unter der Unterlippe
SB: Schlüsselbein
UA: Unter dem Arm

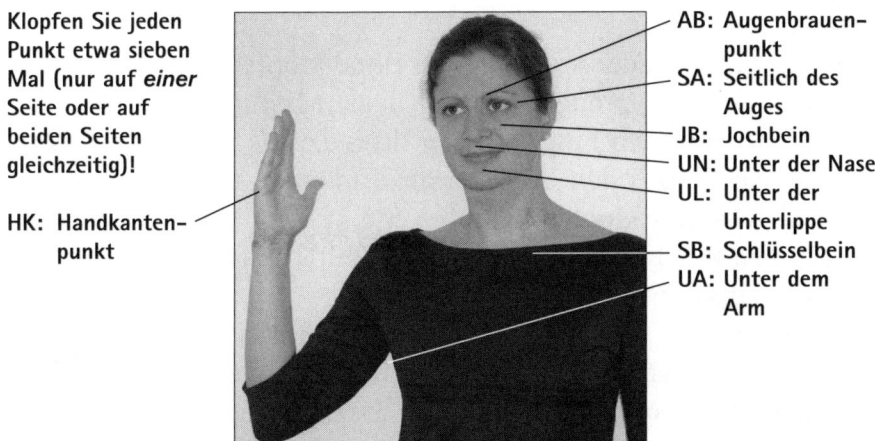

- UN: Unter der Nase – zwischen Nase und Oberlippe. (GG 26)
- UL: Unter der Unterlippe – in der Mitte zwischen Kinn und Unterlippe. (ZG 24)
- SB: Schlüsselbein – in dem Winkel zwischen Schlüsselbein und Brustbein (Diesen Punkte haben Sie vielleicht bereits als Punkt Ni 27 kennen gelernt.)
- UA: Unter dem Arm – seitlich am Brustkorb, auf der Höhe der Brustwarze. (MP 21)
- HK: Handkantenpunkt – auf der Handkante, etwa in Höhe der Lebenslinie (die Stelle Ihrer Hand, mit der Sie einen Karateschlag ausführen würden). (Dü 3)

Die Punkte werden in der Reihenfolge von oben nach unten geklopft, jeder befindet sich unterhalb des vorigen; dadurch fällt es leicht, sich die Punkte zu merken. Nur wenige Durchgänge durch die Klopfsequenz – und Sie kennen den Weg.

Das Klopfen

Sie können entweder nur mit *einer* Hand klopfen oder mit beiden Händen *gleichzeitig* oder auch mit beiden Händen *nacheinander*. Sie können mit den Fingerspitzen Ihres Zeige- und Mittelfingers klopfen oder noch den Daumen dazu nehmen und mit drei Fingern gleichzeitig klopfen. Klopfen Sie kräftig, aber nie so stark, dass Ihnen das Klopfen Schmerzen bereitet oder Sie Gefahr laufen sich zu verletzen.

Klopfen Sie jeden Punkt etwa sieben Mal oder so lange, wie Sie brauchen, um einmal tief ein- und wieder auszuatmen. Während Sie klopfen, wiederholen Sie einen „Erinnerungssatz" (siehe unten), sodass Sie keine Zeit haben werden, die Sekunden zu zählen; es spielt jedoch keine Rolle, ob Sie einen Punkt einige Male mehr oder weniger klopfen.

Die meisten der Klopfpunkte existieren auf *beiden* Seiten des Körpers. Es spielt keine Rolle, welche Seite geklopft wird; vielleicht ist es für Sie sogar von Vorteil, beide Seiten gleichzeitig zu klopfen. Natürlich kann auch zwischen beiden Seiten abgewechselt werden, so dass zum Beispiel der Punkt auf der *linken* Körperseite zuerst geklopft wird, dann der auf der *rechten* Körperseite usw. Klopfen Sie den letzten der Punkte – den Handkantenpunkt –, indem Sie mit allen vier Fingern der einen Hand die gesamte Länge der Handkante der anderen Hand klopfen.

Manche von Ihnen werden vielleicht andere Möglichkeiten als das Klopfen bevorzugen, um die Energiepunkte zu stimulieren. Eine davon ist zum Beispiel, die Punkte zu massieren. Eine andere Methode, die sich „Berühren und Atmen" nennt[6], sieht vor, dass der jeweilige Punkt sanft mit einem oder zwei Fingern berührt wird, während Sie einmal tief ein- und ausatmen (in Ihrem eigenen Tempo, in der Regel durch die Nase). Dann können Sie zum nächsten Punkt übergehen.

Der Erinnerungssatz

Bestimmte Erinnerungen, Gedanken oder Ereignisse führen zu Störungen im Energiesystem des Körpers und lösen damit zusammenhängende negative Emotionen aus. Handelt es sich bei dem Problem, das Sie los werden wollen, etwa um Höhenangst, so haben Sie diese Angst natürlich nicht, wenn Sie zum Beispiel gerade darüber nachdenken, was Sie zu Mittag essen sollen. Sollen energetische Verfahren ihre Wirkung entfalten, ist es notwendig, das Problem innerhalb des Energiesystems zu „aktivieren".

Ein solcher Zustand, in dem das Problem aktiviert ist, lässt sich einfach dadurch herbeiführen, dass Sie an das Problem denken. Sich das Problem in Erinnerung zu rufen unterbricht den Energiefluss im Meridiansystem, der dann durch die Anwendung der hier vorgestellten Verfahrensweisen wiederhergestellt werden kann. Dadurch dass Sie an das Problem denken, während gleichzeitig die Meridianenergie wieder ins Gleichgewicht gebracht wird, lernt der Körper wieder, mit dem Gedanken oder der Situation umzugehen, ohne dass dadurch die Energie so gestört wird, dass dies Gedanken, Gefühle und Verhalten negativ beeinflusst. Wird die Energie nicht gestört, so wird auch die mit dieser energetischen Störung gekoppelte negative Emotion nicht ausgelöst.

In vielen Fällen ist es jedoch schwierig, wenn nicht unmöglich, sich auf das Problem zu konzentrieren und gleichzeitig die energetischen Verfahren durchzuführen. Diese Schwierigkeit lässt sich dadurch ausschalten, dass Sie ständig einen Erinnerungssatz wiederholen, während Sie die anderen Maßnahmen vornehmen; dadurch bleiben Sie in Kontakt mit der Situation, die für die Störung Ihres Energiesystems verantwortlich ist. Sie bleiben damit sozusagen „auf Sendung".

Der Erinnerungssatz kann aus einem einzigen Wort oder einem kurzem Satz bestehen, der das Problem charakterisiert. Wiederholen Sie ihn jedes Mal laut, während Sie einen der

Punkte klopfen; dadurch werden die psychischen, neurologischen und energetischen Bestandteile Ihres Problems aktiviert. Der Erinnerungssatz ist häufig mit dem Satz aus der Eröffnungsaussage identisch oder diesem sehr ähnlich. Geht es Ihnen zum Beispiel um die Erinnerung an eine Situation, in der Sie als Kind vor einer Gruppe gedemütigt wurden, so könnte der Eröffnungssatz etwa wie folgt lauten:

> *Ich liebe und akzeptiere mich von ganzem Herzen, auch wenn ich mich durch das gedemütigt fühle, was ich damals in der ersten Grundschulklasse erlebt habe.*

Die Worte „gedemütigt durch das, was ich damals in der ersten Klasse erlebt habe" könnten als Erinnerungssatz dienen. Abgekürzte Varianten der Aussage wie etwa „die Demütigung in der ersten Klasse" oder einfach nur „Demütigung" sind ebenfalls völlig ausreichend, sofern Ihnen die volle Bedeutung dieser Worte bewusst ist. In Anlehnung an die weiter vorne in diesem Buch angeführten Beispiele könnten einfache Erinnerungssätze etwa wie folgt lauten:

- Angst vor großen Hunden (oder einfach „Angst" oder „große Hunde")
- Kopfschmerzen bei dem Gedanken an eine Auseinandersetzung mit meinem Chef (oder einfach „Kopfschmerzen" oder „Auseinandersetzung mit meinem Chef")
- übersteigerte Sorge wegen Barbaras biologischer Uhr (oder einfach „Überbesorgtheit" oder „biologische Uhr")
- Mein Drang, andere Menschen zu unterbrechen (oder einfach „Drang" oder „andere unterbrechen")

Die folgenden zusätzlichen Beispiele für Erinnerungssätze geben gleichzeitig einen kleinen Eindruck davon, wie vielfältig sich dieses energetische Verfahren anwenden lässt: Verlangen nach Süßigkeiten, meine Rolle bei diesem Unfall, Rückenschmerzen, Wut auf meine Schwester, Vorladung vor Gericht, Zwiespalt wegen meiner Beziehung zu meinem Freund, Kündigung erhalten, Angst vor Aufzügen, Depression, Verluste an der Börse, Terroranschläge, Scheidung ... Je spezifischer der Erinnerungssatz, oder besser gesagt: je genauer Sie das Problem vor Augen haben, für das der Erinnerungssatz steht, umso effektiver wird dieser Erinnerungssatz sein.

Die Brückenübung

Bestimmte Bewegungen stimulieren bestimmte Gehirnbereiche und steigern offensichtlich auch die Wirksamkeit energetischer Verfahren. So nutzen viele Therapieformen zum Beispiel das Prinzip, dass sich bestimmte Gehirnbereiche durch Augenbewegungen stimulieren lassen (etwa *Eye Movement Desensitization and Reprocessing*, EMDR). Die in der *Energy Psychology*® am häufigsten verwendete Technik der Augenbewegungen ist das 9G-Verfahren von Roger Callahan (9G = Abkürzung für *Nine Gamut Treatments*, auf Deutsch als 9G-Verfahren oder „Behandlungsserie" bezeichnet). Wir führen es hier ein und weisen darauf hin, dass es sich dabei um eines der eher ungewöhnlichen Verfahren der *Energy Psychology*® handelt; Klopfen von Punkten, Augenbewegungen, Summen und Zählen werden hier kombiniert und dazu eingesetzt, bestimmte Gehirnbereiche zu stimulieren. Das 9G-Verfahren zielt zwar nicht unmittelbar auf das Problem, es verbindet oder „überbrückt" jedoch zwischen zwei Klopfdurchgängen, die auf das Problem fokussieren (daher Brückenübung).

Beim 9G-Verfahren wird einer der Energiepunkte auf dem Körper, der so genannte „Gamutpunkt" oder „Serienpunkt", ständig geklopft, während Sie gleichzeitig neun einfache Anweisungen ausführen. Der Serienpunkt (3E 3) findet sich auf dem Handrücken jeder Hand, zwischen den und etwas oberhalb der

Knöchel von Ringfinger und kleinem Finger. Klopfen Sie diesen Punkt unablässig und führen Sie gleichzeitig folgende Anweisungen aus:

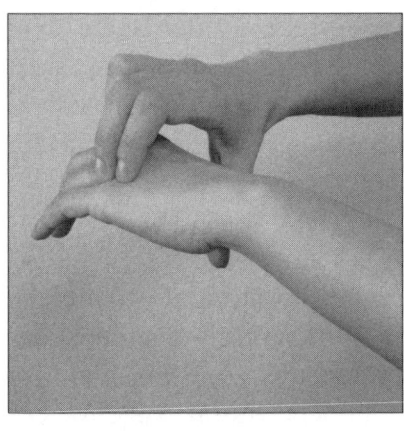

1. Augen geschlossen
2. Augen offen
3. Augen nach links unten
4. Augen nach rechts unten
5. Augen im Kreis, im Uhrzeigersinn (oder: mit den Augen ein Unendlichkeitszeichen beschreiben)
6. Augen im Kreis, gegen den Uhrzeigersinn (oder: Unendlichkeitszeichen in die entgegengesetzter Richtung).
7. Summen Sie einige Sekunden lang einige Töne (zum Beispiel das Lied *Happy Birthday* ...).
8. Zählen Sie bis fünf.
9. Summen Sie nochmals.

Als Brückenübungen eignen sich noch andere Übungen, wie zum Beispiel den Raum einmal mit bewusst ausgeführten Überkreuzbewegungen (ein Arm bewegt sich gleichzeitig mit dem gegenüberliegenden Bein) durchqueren oder Überkreuzbewegungen auf der Stelle. Das 9G-Verfahren kann damit abgeschlossen werden, dass Sie die Augen zum Boden senken, sie dann langsam nach oben bis zur Decke bewegen und dabei Ihren Blick so weit wie möglich in die Ferne richten.

Die Klopfsequenz (Wiederholung von A)

In *Emotional Freedom Techniques* (EFT) wird die hier beschriebene Vorgehensweise als „Sandwich" bezeichnet, das aus folgenden Teilen besteht:

- Die Punkte klopfen (mit Erinnerungssatz)
- Das 9G-Verfahren
- Die Punkte klopfen (mit Erinnerungssatz)

Die zweite Klopffolge ist eine genaue Wiederholung der ersten Folge. Ist die zweite Klopffolge abgeschlossen, so führen Sie eine erneute Bewertung des Problems durch: Schließen Sie dazu Ihre Augen, erinnern Sie sich an Ihr eigentliches Problem und ordnen Sie es wieder auf einer Skala von 0 bis 10 ein; damit bewerten Sie den Stress, den Ihnen Ihr Problem in diesem Augenblick, in dem Sie daran denken, verursacht.

Sollten Sie zu keiner Einschätzung kommen, so besteht der nächste Schritt darin, das Ergebnis auf die Probe zu stellen (siehe unten). Haben Sie Ihr Problem zum Beispiel bei 4 eingeordnet, so fahren Sie so lange mit dem „Sandwich"-Verfahren fort, bis Ihr Wert höchstens noch bei 2 liegt; eine Bewertung von 0 ist natürlich grundsätzlich erstrebenswert, dennoch ist das Problem in der Regel weitgehend gelöst, wenn Sie ihm eine 2 als Bewertungszahl geben können. Jeder Durchgang durch das „Sandwich" dauert kaum länger als eine Minute.

5. Weitere Durchgänge

In manchen Fällen lässt sich ein Problem mit einem einzigen Durchgang des „Sandwich"-Verfahrens lösen; häufiger lässt sich damit jedoch zunächst nur eine Verbesserung erzielen und es sind weitere Durchgänge erforderlich. Für diese weiteren Durchgängen sind zwei kleine Änderungen notwendig.

Psychische Umkehrungen beheben

Ein mögliches Hindernis für den Erfolg beim ersten Durchgang kann das Wiederauftauchen psychischer Umkehrungen sein, also der inneren Konflikte, die über die Eröffnungsaussage eigentlich gelöst werden sollten.

Sobald mit dem Verfahren begonnen wurde und sich erste Fortschritte bemerkbar machen, verändert sich der Charakter der psychischen Umkehrung. Positive Veränderungen im Bezug auf das Thema oder Problem, das bearbeitet wird, werden zwar nicht mehr verhindert, stattdessen wird jedoch jeder weitere Fortschritt blockiert. Dies muss in der Formulierung der Eröffnungsaussage berücksichtigt werden. Die Eröffnungsaussage ist eine Selbstsuggestion des Unterbewusstseins und wird sehr wörtlich genommen; aus diesem Grund sollte die Formulierung die (veränderte) Form berücksichtigen, in der das Problem noch weiterhin besteht. Eine geringfügige Veränderung – etwa das Hinzufügen von einem oder zwei Wörtern – kann dies leisten. Die angepasste Formulierung der Eröffnungsaussage könnte also folgendermaßen aussehen:

Ich liebe und akzeptiere mich von ganzem Herzen, auch wenn ich **noch ein wenig** *(von diesem Problem habe)* .

Die Wörter „noch" und „ein wenig" verlagern die Betonung der Aussage auf den noch vorhandenen Rest des Problems. Diese Anpassung lässt sich leicht durchführen. Hier folgen die Anpassungen unserer Beispiele für Eröffnungsaussagen, wie wir sie weiter vorne in diesem Kapitel formuliert haben:

- *Ich liebe und akzeptiere mich von ganzem Herzen, auch wenn ich noch immer ein wenig Angst vor großen Hunden habe.*

- *Ich liebe und akzeptiere mich von ganzem Herzen, auch wenn ich bei dem Gedanken an eine Auseinandersetzung mit meinem Chef immer noch Kopfschmerzen bekomme.*
- *Ich liebe und akzeptiere mich von ganzem Herzen, auch wenn ich mich immer noch ein wenig wegen der biologischen Uhr meiner Tochter sorge.*
- *Ich liebe und akzeptiere mich von ganzem Herzen, auch wenn ich hin und wieder noch den Drang verspüre, andere beim Reden zu unterbrechen.*

Den Erinnerungssatz ebenfalls anpassen

Setzen Sie hierfür einfach die Worte „noch verbleibender Rest an" vor Ihren ursprünglichen Erinnerungssatz. Die folgenden Beispiele sind angepasste Versionen der weiter oben angeführten Erinnerungssätze:

- noch verbleibender Rest an Angst vor großen Hunden (oder einfach „noch verbleibende Angst")
- noch verbleibender Rest an Kopfschmerzen wegen des Gedankens an eine Auseinandersetzung mit meinem Chef (oder einfach „noch verbleibende Kopfschmerzen")
- noch verbleibender Rest an Überbesorgtheit wegen der biologischen Uhr meiner Tochter (oder einfach „noch verbleibende Überbesorgtheit")
- noch verbleibender Rest des Drangs, andere beim Reden zu unterbrechen (oder einfach „noch verbleibender Drang")

Nach jedem Durchgang nehmen Sie bitte eine Neueinschätzung des Stresses vor, den Sie in dem Augenblick empfinden, in dem Sie an Ihr ursprüngliches Problem denken. Sinkt der Wert weiter, so gehen Sie so lange immer wieder durch das Verfahren, bis Sie bei 0 angekommen sind oder der Stress nicht mehr weiter sinkt.

In manchen Fällen sinkt der Stress bis zu einem Wert von 2 oder sogar 1, lässt sich dann jedoch nicht mehr weiter reduzieren. Das ist nicht unbedingt ein schlechtes Ergebnis, denn vielleicht können Sie es sich bei manchen Problemen einfach nicht vorstellen, so schnell die 0 zu erreichen; in einem solchen Fall ist ein Wert von 2 oder 1 für Ihre persönliche Wahrnehmung bereits eine „Heilung". In manchen Situationen, etwa bei Prüfungen, kann ein geringes Maß an Anspannung sogar dafür sorgen, dass Sie *besser* „funktionieren". Das bedeutet, dass ein Wert von 0 zwar auf den ersten Blick als ideal erscheint, jedoch nicht immer realistisch oder gar wünschenswert ist.

Führen Sie das Verfahren so lange durch, wie Sie noch störende Gefühle im Bezug auf Ihr Problem wachrufen können – bis Sie schließlich *keinen* Stress mehr empfinden, wenn Sie an Ihr Problem oder das Ereignis denken, oder bis sich der Stress nicht mehr weiter reduzieren lässt. Ist der Wert nach fünf Durchgängen noch immer nicht bei 0 (oder zumindest fast bei 0), so besteht vielleicht die Notwendigkeit, den Schwerpunkt der Formulierung zu verändern, oder aber Sie haben sich ein Problem ins Bewusstsein gerufen, für dessen Lösung Sie vielleicht Hilfe von außen benötigen.

Es gibt viele mögliche Gründe dafür, dass an manchen Punkten keine weiteren Verbesserungen mehr eintreten. Ein geringer Prozentsatz von Menschen reagiert zum Beispiel nicht auf das Klopfen der Standardpunkte. (Haben Sie Grund zu der Vermutung, dass Sie zu diesen Menschen gehören, so versuchen Sie es mit Massieren der Punkte oder einfach mit Berühren und Atmen.) Vielleicht muss das Problem genauer oder völlig anders formuliert werden oder ein innerer Konflikt hinsichtlich der Bereitschaft, das Problem zu lösen, muss genauer erforscht werden. Vielleicht wurden bestimmte Aspekte des Problems nicht mit einbezogen, dann müssen diese zuerst gefunden und bearbeitet werden. Im Folgenden wird auf die unterschiedlichen Aspekte eines Problems näher eingegangen. Sind Sie in der Lage, diese zu verstehen und daran zu arbeiten, so können Sie die Techniken für Ihre Bedürfnisse so bündeln, dass sich der Stress, den Sie empfinden, wenn das Problem aktiviert wird, weiter reduzieren lässt.

Liegt der Wert Ihres subjektiv empfundenen Stresses dann bei 0 oder fast bei 0, so besteht der nächste Schritt darin, das Ergebnis „auf die Probe zu stellen". Versuchen Sie, sich die Situation so in Erinnerung zu rufen oder die Situation so zu visualisieren, dass dadurch Ihr altes Gefühl des Stresses wachgerufen werden müsste. Wurde das gestörte energetische Muster korrigiert, ist also die ursprüngliche Erinnerung, der Gedanke oder die Situation jetzt mit einer stabilen Reaktion Ihres Energiesystems gekoppelt, so werden sich die ursprünglichen Gefühle nicht mehr wachrufen lassen. Die Schnelligkeit, mit der dieses Ergebnis oft eintritt, gehört zu den unglaublichen Vorzügen der *Energy Psychology*®. Eine schwierige Situation und die Gefahren, Verletzungen oder Ungerechtigkeiten, die sie birgt, werden noch immer erkannt – in Ihrem Nervensystem wird jedoch die bisher an diese Situation gekoppelte Stressreaktion nicht mehr ausgelöst.

Sollten Sie keine Spur der ursprünglichen emotionalen Reaktion mehr wachrufen können, so wurde das Problem sehr wahrscheinlich bereits ausgeschaltet; Sie können vergleichbaren Situationen mit Zuversicht entgegensehen. Im weiteren Verlauf dieses Buches erhalten Sie Hinweise darauf, wie Sie diese inneren Veränderungen im täglichen Leben umsetzen können; dies wird Sie darin unterstützen und bestärken, die neu gewonnenen positiven Veränderungen in der entsprechenden Situation anzuwenden.

Unterschiedliche Aspekte eines Problems bearbeiten

Die häufigste Ursache dafür, dass sich der Stress nicht auf den Wert 0 (oder fast 0) reduzieren lässt, besteht darin, dass ein weiterer Aspekt des Problems beteiligt ist und dieser beim ersten Durchgang durch die energetischen Interventionen nicht berücksichtigt wurde. Sehr viele psychische Probleme sind sicher genau so, wie sie sich auf den ersten Blick präsentieren – nämlich Probleme ohne irgendwelche weiteren, versteckten Aspekte; komplexere psychische Probleme können jedoch eine Vielzahl weiterer Aspekte in sich tragen; eine zunächst scheinbar erfolgreiche Lösung ist in einem solchen Fall erst dann von Dauer, wenn jeder dieser Aspekte gesondert berücksichtigt wurde. Ein kurz zuvor erlittenes Trauma oder ein Verlust decken häufig ein ganzes Netz früherer Traumata oder Verlusterlebnisse auf – wie bei den Schichten einer Zwiebel müssen dann die einzelnen Aspekte nacheinander „abgeschält" werden.

Stellen Sie sich zum Beispiel vor, Sie wären zu einem bestimmten Zeitpunkt in Ihrer Kindheit von einem Hund gebissen worden. Vielleicht haben Sie dieses Ereignis schon längst vergessen, die Erinnerung daran scheint verarbeitet zu sein. Dann erfahren Sie, dass einer Ihrer Nachbarn von einem Hund gebissen und schwer verletzt wurde; Sie entwickeln daraufhin eine Angst vor Hunden, die Sie mit einer 9 auf der Skala bewerten; ein derart hoher Wert spiegelt eine Intensität an psychischem Stress wieder, der darauf schließen lässt, dass es hier um mehr geht als um den Vorfall beim Nachbarn, von dem man Ihnen erzählt hat. Mit Hilfe des Klopfverfahrens lässt sich diese Angst sicher ein wenig reduzieren, es wird jedoch nicht besonders effektiv sein, solange das Erlebnis aus Ihrer Kindheit nicht ebenfalls mit einbezogen wird. Die Wahrscheinlichkeit ist sogar sehr groß, dass das Bearbeiten der *aktuellen* Angst Erinnerungen an das Erlebnis aus der Kindheit wachruft. In diesem Fall lässt sich der Fokus sehr leicht darauf richten. Die Tatsache, dass Sie als Kind von einem Hund gebissen wurden, ist ein wichtiger Aspekt der „Angst vor Hunden" und verlangt gesonderte Beachtung, damit die „Angst vor Hunden" *grundsätzlich* gelöst werden kann.

Die verschiedenen Aspekte eines Problems können also frühere Erfahrungen einbeziehen, die mit dem gegenwärtigen Problem im Zusammenhang stehen; es kann sich jedoch auch um

Aspekte aus *anderen* Bereichen handeln, die in das gegenwärtige Problem mit hineinspielen. Ein Aspekt kann etwa ein bestimmtes Gefühl oder eine bestimmte Sinneswahrnehmung sein, die mit dem Problem in Verbindung stehen. Vielleicht ist das Gefühl *gedemütigt* worden zu sein ein Aspekt der Erinnerung, der gesonderte Aufmerksamkeit verlangt. Vielleicht haben Sie sich selbst die *Schuld* daran gegeben, dass Sie gebissen wurden. Auch der Anblick des eigenen *Blutes* kann ein Aspekt des Problems sein. Eine lebhafte Erinnerung an den Geruch des Hundes kann vielleicht ein Randaspekt des Problems sein oder auch die eigene *Hilflosigkeit* beim Anblick des Zähne fletschenden Hundes. Diese Erinnerung kann sich mit anderen Erinnerungen an Situationen verbinden, in denen Sie sich *hilflos* gefühlt haben, und auch von diesen muss die emotionale Belastung genommen werden, bevor das eigentliche Problem gelöst werden kann.

Sehr komplexe psychische Ziele und Probleme weisen eine Vielzahl unterschiedlicher Aspekte auf. Die wichtigsten Aspekte herauszufinden, auf denen der Schwerpunkt der Bearbeitung liegen muss, ist eine der wesentlichen Grundlagen für eine erfolgreiche Anwendung der *Energy Psychology*®. Gary Craig, der Begründer der *Emotional Freedom Techniques*, hat darauf hingewiesen, dass viele Anwender energetischer Verfahren die Effektivität ihrer Arbeit erhöhen könnten, wenn sie das Thema, das sie bearbeiten wollen, genauer formulieren würden. Anstatt das Thema eher allgemein zu fassen, wie zum Beispiel „Angst", empfiehlt er spezielle Erfahrungen oder Ereignisse zu finden, bei denen es genau um dieses Thema geht; diese stammen häufig aus der Kindheit, es können jedoch auch aktuelle Situationen sein, die das jeweilige Thema auslösen. Löst man den emotionalen Stress auf diese einzelnen Situationen nacheinander auf, so erreicht man damit nach und nach eine Art generelle Stressbefreiung für alle derartigen Situationen.

6. Die inneren Veränderungen im täglichen Leben umsetzen

Ist es Ihnen erst einmal gelungen, Ihre innere Reaktion auf eine Erinnerung, ein Bild oder eine Situation so zu verändern, dass diese für Sie nicht mehr länger ein Problem darstellt, so wirkt sich diese Veränderung häufig in Ihrem Alltag aus. Ihr Energiesystem und Ihre Neurochemie wurden neu programmiert. Trotzdem können Sie noch eine Menge tun, um die Veränderung zu verstärken und der Macht von Situationen zu begegnen, die eine Herausforderung darstellen. Die erste Möglichkeit, das „Auranetz", ist eine einfache Methode, die Energien in ihrer neuen Konstellation zu stabilisieren. Die zweite Möglichkeit ist eine Art „Generalprobe", bei der Sie sich selbst visualisieren, wie Sie auf eine Herausforderung optimal reagieren; dabei passen Sie Ihre Energien so an, dass diese Ihre Visualisierung unterstützen.

Das Auranetz

Der menschliche Körper ist von einem einige Zentimeter breiten elektromagnetischen Feld umgeben, das sich mit gängigen Instrumenten messen lässt. Dieses Biofeld ist wahrscheinlich die Grundlage für die Vorstellung von der Aura. Man geht davon aus, dass es sich dabei um eine Art Hülle handelt, die alle unsere Energien enthält und uns vor schädlichen Energien aus der Umgebung schützt; uns aber gleichzeitig auch mit anderen Energien verbindet. Heiler berichten, dass der Grad an Intaktheit dieses Biofeldes oder der Aura auf der einen Seite die Gesundheit des physischen Körpers wiederspiegelt, auf der anderen Seite aber auch Hinweise auf seine Verletzlichkeit und Anfälligkeit für Krankheiten und andere Störungen enthält.

Auch unsere Hände verfügen über eine elektromagnetische Ladung, aus diesem Grund können wir mit unseren Händen unser Biofeld glätten, an ihm entlangfahren und es stärken – etwa so, als würden wir es massieren. Am besten reagiert unser Biofeld offensichtlich auf Massagen, die in Form des Unendlichkeitszeichens oder der liegenden Acht ausgeführt werden. Sind Ihre Energien in einem guten Zustand, dann können Sie Ihre Aura mit den Händen wie ein Netz „weben", dass sie sich um diesen positiven Zustand herum aufbaut. Sind Sie bei der Bearbeitung Ihres Problems an dem Punkt angelangt, an dem Sie Ihren Stress mit 0 (oder fast mit 0) bewerten, sind Sie also an dem Punkt, an dem Sie den Zustand gerne „fixieren" würden, so bleiben Sie bitte bei diesem Bild, das Ihr Problem ursprünglich ausgelöst hat und dem Sie jetzt einen Stresswert von 0 gegeben haben, und verstärken Sie diese positive innere Verfassung, indem Sie Ihre Aura folgendermaßen „weben":

- Stellen Sie beide Füße nebeneinander fest auf den Boden und reiben Sie Ihre Handflächen kräftig aneinander. Halten Sie dann Ihre Handflächen ganz nah beieinander und versuchen Sie zwischen Ihren Handflächen einen energetischen Widerstand zu spüren. Dieser energetische Widerstand oder diese energetische Ladung ist auf jeden Fall vorhanden, es spielt keine Rolle, ob Sie sie spüren können oder nicht; Sie werden diese Ladung dazu verwenden, wie mit Magneten die Energien auf Ihrer Körperoberfläche in Form von Unendlichkeitszeichen zu weben.

- Atmen Sie tief ein und halten Sie gleichzeitig Ihre Hände in einer Entfernung von etwa 15 Zentimetern an Ihre Ohren. Rufen Sie in sich das Bild oder den Gedanken wach, der jetzt keine Stressreaktion mehr in Ihnen auslöst.

- Beschreiben Sie vor Ihren Ohren (in der Luft) kleine Unendlichkeitszeichen, lassen Sie diese immer größer werden und fahren Sie dann mit kleineren und größeren Unendlichkeitszeichen von oben nach unten an Ihrem gesamten Körper entlang, auf der Körpervorder- und -rückseite ebenso wie an der rechten und der linken Seite. Ihre Bewegungen sollten dabei frei fließen, im Einklang mit Ihrem eigenen inneren Rhythmus.

- Stellen Sie sich gleichzeitig vor, dass Sie Ihre Energien zu einem einzigen nahtlosen Netz verweben. Sie können dabei Ihre Lieblingsmusik hören.

Die innere Veränderung mit dem Verhalten verknüpfen

Eine Reihe von Schritten[7] ähnlich denen, die Sie bereits kennen gelernt haben, können dazu beitragen, positive innere Veränderungen im täglichen Leben zu verankern. Jeder einzelne dieser Schritte wird im Folgenden mit Hilfe des Beispiels „Angst vor Hunden" erklärt.

- Visualisieren Sie eine Situation (oder stellen Sie sich diese lebhaft vor), die normalerweise Ihr altes Reaktionsmuster auslösen würde. Ein Mann, der seine Angst vor Hunden aufgelöst hat, stellt sich vor, dass er zu einem Haus in der Nachbarschaft geht, wo ein freundlicher, aber sehr großer Hund sein Kommen mit lautem Gebell meldet.

- Visualisieren Sie oder stellen Sie sich vor, wie Sie auf diese Situation so reagieren oder mit dieser Situation so umgehen, wie Sie es als ideal ansehen. Der Mann sieht sich in seiner Vorstellung, wie er ruhig seine Hand ausstreckt und den Hund daran schnüffeln lässt, während er beruhigend auf ihn einredet.

- Bewerten Sie nun mit einer Zahl zwischen 0 und 10, wie glaubhaft diese Szene für Sie selbst ist. In diesem Fall halten Sie die Szene für umso glaubwürdiger, je höher die Wertungszahl ist. Der Mann hält eine solche Szene zwar für erstrebenswert, er empfindet sie jedoch nicht als besonders glaubwürdig. Er gibt ihr deshalb nur eine 3.

- Formulieren Sie eine Eröffnungsaussage zum Thema und massieren Sie gleichzeitig die „Wunden Punkte" auf Ihrer Brust oder führen Sie ein anderes der auf Seite 31 beschriebenen

energetischen Verfahren durch. Die Formulierung der Eröffnungsaussage bezieht sich an diesem Punkt auf die Glaub-
haftigkeit dieser Szene, etwa so: „Ich liebe und akzeptiere
mich von ganzem Herzen, auch wenn es für mich schwer ist
zu glauben, dass ... (ich ruhig meine Hand ausstrecken und
den Hund daran schnüffeln lassen könnte)."

- Gehen Sie mehrmals durch das „Sandwich" (Klopffolge, Brückenübungen, Klopffolge), bis die Bewertung bei mindestens
  8 liegt. Halten Sie dabei intensiv den Kontakt mit dem Bild
  oder dem Gefühl, das Ihnen die Szene in der idealen Version
  zeigt. Geben Sie dieser Szene außerdem einen Titel und merken Sie sich diesen als Ihren Erinnerungssatz; Sie sollten die
  Szene dabei ständig lebhaft vor Augen haben. Nach vier
  Durchgängen, in denen er die Szene vor Augen hatte und
  immer wieder den Erinnerungssatz „sich in der Nähe von
  Hunden wohlfühlen" sprach, ist die Glaubwürdigkeit der
  Szene, in der der Mann seine Hand ausstreckt und den Hund
  daran schnüffeln lässt, auf 9 gestiegen.

- Immer wenn Sie sich künftig in einer solchen Situation befinden oder wenn eine solche Situation auf Sie zukommt und Sie
  merken, dass die alte Reaktion ausgelöst wird, verwenden Sie
  die ursprüngliche Eröffnungsaussage, gehen Sie dann durch
  die Klopffolge, die Brückenübungen und wieder durch die
  Klopffolge und schwächen Sie damit die Reaktion weiter ab.
  Anschließend gehen Sie durch die hier beschriebenen fünf
  Schritte. *Der Mann richtet es so ein, dass er einen Freund
  besucht, der einen großen Hund hat; er nutzt die hier gezeig-
  ten Techniken, um sich auf diesen Besuch vorzubereiten und
  künftig auch auf alle anderen Gelegenheiten, wenn die alte
  Angst wieder in ihm aufzusteigen beginnt.*

Haben Sie gerade eine emotionale Reaktion erfolgreich verändert,
so können Sie ein solches Verfahren für einen bestimmten Zeit-
raum zweimal am Tag durchführen, Sie können es aber auch

immer dann anwenden, wenn unerwünschte, mit dem Problem zusammenhängende Emotionen auftauchen. Wird das Verfahren mehrere Tage hintereinander zweimal am Tag durchgeführt, so verstärkt dies die positive Veränderung, denn auch hier gilt, was für das Ändern jeder Gewohnheit gilt, nämlich dass Ausdauer zu einem besseren Ergebnis führt.

Ein einfaches Verfahren für unterwegs

Immer wenn Sie eine Art Schnellverfahren benötigen, um eine Emotion oder eine andere innere Reaktion zu beschwichtigen, die Sie beunruhigt, so bietet sich das folgende einfache Verfahren an. Es kombiniert eine persönliche Affirmation mit einer einfachen Klopftechnik[8]:

- Ordnen Sie zunächst das Problem auf der Skala von 0 bis 10 ein, wie Sie es bereits gelernt haben; orientieren Sie sich dabei daran, wie viel Stress Sie empfinden, wenn Sie an das Problem denken.
- Überkreuzen Sie Ihre Arme so, dass Ihre Hände jeweils auf dem anderen Oberarm zu liegen kommen, und klopfen Sie diese Stelle auf Ihrem Bizeps im Sekundentakt, rechts und links abwechselnd. („Schmetterlingsumarmung")
- Während Sie weiter klopfen, sprechen Sie laut eine Eröffnungsaussage nach dem Muster, das Sie bereits gelernt haben, nämlich: „Ich liebe und akzeptiere mich von ganzem Herzen, auch wenn ich ... (dieses Problem habe)." (Sie können Ihren Satz auch mit einer anderen starken, positiven und unterstützenden Aussage beginnen.)
- Atmen Sie ein oder zwei Mal tief durch und halten Sie sich dabei weiter selbst umschlungen und geben Sie sich selbst die Unterstützung, die Sie brauchen.
- Ordnen Sie nun Ihr Problem erneut auf der Skala von 0 bis 10 ein und orientieren Sie sich wiederum daran, wie viel Stress Sie empfinden, wenn Sie an das Problem denken.

- Wiederholen Sie dieses Vorgehen so lange, bis Sie den Wert so weit wie möglich nach unten reduziert haben.

Ist es Ihnen gelungen, eine Bewertungszahl von 2 oder weniger zu erreichen, so können Sie das Verfahren mit einer positiven Aussage abschließen. Gehen Sie durch die Schritte 2, 3 und 4, wie oben beschrieben; Ihre Aussage sollte die für Sie ideale Reaktion in einer Situation beschreiben, in der die negative Emotion mit großer Wahrscheinlichkeit ausgelöst worden wäre, etwa: „Ich kann sicher und gelassen vor jedem Publikum sprechen und das Universum unterstützt mich dabei in jeder Hinsicht" (oder „und Gott liebt mich" oder eine andere, abschließende Wendung, die positive, unterstützende Gefühle hervorruft).

Mit solchen energetischen Techniken lassen sich vergangene, gegenwärtige oder auch zukünftige Themen bearbeiten. Häufig führt ein aktuelles Problem zu Erfahrungen aus der Vergangenheit, die die Ursache für die emotionalen Störungen in der Gegenwart sind und mit Hilfe der energetischen Verfahren aufgelöst werden können. Die Möglichkeit, sich in einer akuten Situation jederzeit der Unterstützung einer energetischen Technik sicher zu sein, ist eine enorme Hilfe und ein äußerst beruhigendes Gefühl. Sie visualisieren sich selbst, wie Sie in einer akuten Situation auf die für Sie ideale Weise reagieren, und Sie optimieren Ihre Energien, indem Sie dieses Bild vor Augen behalten; dies wiederum projiziert Ihr neues Verhalten in die Zukunft.

Haben Sie sich mit den Verfahrensweisen dieses ersten Teil vertraut gemacht, so bietet Ihnen der folgende Überblick eine Zusammenfassung der wesentlichen Schritte. Auf Seite 66 f. finden Sie eine weitere Zusammenstellung, die Ihnen eine Kurzanleitung für die Durchführung des Verfahrens gibt. Sie ist als Kopiervorlage, damit Sie sie jederzeit überall griffbereit haben.

Schritt-für-Schritt-Anleitung: Spezifische Probleme und Ziele bearbeiten

1. Energetische Empfänglichkeit für Veränderungen herstellen

Die Klopfpunkte: Ni 27 / Thymuspunkt / Unter dem Arm (S. 21).

Die drei Nabelpunkte: Berühren Sie den Nabel und die Schädelbasis, dann Nabel und Steißbein, dann Nabel und Drittes Auge (S. 22 f.).

2. Ein Problem auswählen und es mit Hilfe einer Skala bewerten

Wählen Sie eine emotionale Reaktion, eine physische Reaktion oder eine Denk- oder Verhaltensweise aus, die Sie gerne ändern möchten; ordnen Sie den Stress, den Sie empfinden, wenn Sie an Ihr Thema denken, auf einer Skala von 0 bis 10 ein (S. 23 f.).

3. Psychische Empfänglichkeit für Veränderungen herstellen

Sprechen Sie die Eröffnungsaussage (S. 27) dreimal nach dem Muster: „Ich liebe und akzeptiere mich von ganzem Herzen, auch wenn ich ... (beschreiben Sie hier Ihr Problem)." Gleichzeitig massieren Sie die „Wunden Punkte" auf Ihrer Brust, klopfen die Handkantenpunkte oder halten den Nabel zusammen mit dem Dritten Auge. (S. 31).

4. Erster Durchgang: Die Punkte klopfen und dabei an das Problem denken

- Klopfen Sie die Standardpunkte (AB, SA, JB, UN, UL, Ni 27, UA, Handkantenpunkt), wie in der Abbildung auf S. 33 jeweils etwa sieben Mal und sprechen Sie bei jedem Punkt laut Ihren Wiederholungssatz.
- Brückenübungen: Augen geschlossen, Augen offen, Augen nach rechts unten, Augen nach links unten, Augen im Kreis – im Uhrzeigersinn, Augen im Kreis – entgegen dem Uhrzeigersinn, Summen, Zählen, Summen (S. 38).

- Klopfen Sie nochmals jeden Punkt etwa sieben Mal und sprechen Sie dabei wieder laut Ihren Erinnerungssatz (S. 39).

5. Weitere Durchgänge

Fügen Sie Ihrer Eröffnungsaussage „noch" und „ein wenig von" hinzu (S. 40) sowie Ihrem Erinnerungssatz „noch verbleibender Rest von" (S. 41). Wiederholen Sie das Verfahren bis zu fünf Mal.

6. Die inneren Veränderungen im täglichen Leben umsetzen

Führen Sie das „Auranetz" durch (S. 46). Visualisieren Sie ein für Sie ideales Verhalten und verknüpfen Sie es mit der Klopfsequenz (S. 48).

Teil II
Das Fließen der Energie optimieren

Energetische Techniken und Verfahrensweisen zur Lösung psychischer Probleme entfalten ihre Wirkung besser, wenn die Energien, die die Gehirnfunktionen unterstützen, im Gleichgewicht sind und frei fließen können. Selbst im Verlauf eines ganz normalen Tages kann das Nervensystem seine optimale Organisation und sein Gleichgewicht verlieren, ebenso wie eine Leiterplatte statische elektrische Energie aufnehmen kann. Eine der wirksamsten Methoden der Natur zur Regeneration des Nervensystems ist der Schlaf. Körperliche Betätigung ist eine weitere Möglichkeit.

Werden die Energien des Nervensystems Tag für Tag, Jahr für Jahr daran gehindert, sich zu regenerieren, so beeinträchtigt diese dauerhafte Störung die Gelassenheit des betreffenden Menschen wie auch die Klarheit seiner Gedanken und seinen allgemeinen Gesundheitszustand. Energetische Heiler haben eine ganze Reihe von Techniken entwickelt, mit deren Hilfe sich das optimale Fließen der Energien, die das Nervensystem versorgen, wiederherstellen lässt. Dies ist natürlich ein großes Kapitel für sich.[9] Hier soll lediglich eine kleine, fünfminütige Übungssequenz für den täglichen Gebrauch vorgestellt werden. Dabei handelt es sich um Übungen, die sich als äußerst wirksam zur Optimierung der körpereigenen Energien und zu einem besseren Funktionieren des Nervensystems erwiesen haben; ebenso steigern sie klares Denken, leichteres Lernen und die allgemeine Vitalität.[10]

Eine fünfminütige Übungssequenz für den Alltag

Die drei Klopfpunkte

Dauer der Übung: etwa 1 Minute. Die Übung wurde bereits in Teil I vorgestellt (vgl. S. 21). Hier die Übungsanleitung nochmals in Kürze:

Punkte	Ungefähre Klopfzeit
Schlüsselbeinpunkte	15–20 Sekunden
Thymuspunkt	15–20 Sekunden
Milzpunkte	15–20 Sekunden

Die Überkreuzbewegung

Dauer der Übung: etwa 1 Minute. Bei der Überkreuzbewegung marschieren wir einfach auf der Stelle.

- Heben Sie im Stehen gleichzeitig Ihren rechten Arm und Ihr linkes Bein.
- Lassen Sie sie wieder sinken und heben Sie dann gleichzeitig Ihren linken Arm und Ihr linkes Bein. Sollten Sie aus irgendeinem Grund, etwa wegen einer Krankheit oder einer körperlichen Behinderung, nicht in der Lage sein, die Übung so auszuführen, so heben Sie einfach Ihre Knie zum gegenüberliegenden Ellbogen oder bewegen Sie Ihren Oberkörper so, dass Ihr Arm jeweils die Körpermittellinie überkreuzt.

- Wiederholen Sie die Bewegung und übertreiben Sie dieses Mal das Heben Ihres Beines und das Schwingen Ihres Arms über die Körpermittellinie hinweg zur gegenüberliegenden Körperseite.
- Setzen Sie diese übertriebenen Bewegungen mindestens eine Minute lang fort, atmen Sie dabei tief durch die Nase ein und durch den Mund wieder aus.

Ausnahme: Sind Ihre Energien in einem „homolateralen Muster" fixiert, so ist die Überkreuzbewegung wahrscheinlich nicht sehr wirksam. Sie werden sich dabei so fühlen, als würden Sie gegen einen Widerstand angehen. Ermüdet sie das Überkreuzgehen eher, als dass es Ihnen Vitalität verleiht, so besteht die Möglichkeit, dass Sie mit homolateralen Bewegungen Ihre Energien für das Überkreuzmuster vorbereiten; daran anschließend kann die Überkreuzübung ihre Wirksamkeit entfalten.

Homolaterale Bewegungen

- Beginnen Sie mit den „drei Nabelpunkten" und mit anschließendem Strecken des gesamten Körpers; strecken Sie sich so weit nach oben, als wollten Sie „nach den Sternen greifen".
- Marschieren Sie auf der Stelle und heben Sie dabei abwechselnd den rechten Arm zusammen mit dem rechten Bein und dann den linken Arm zusammen mit dem linken Bein.
- Atmen Sie dabei tief.
- Nach etwa 12 Bewegungen in diesem homolateralen Muster beenden Sie diese Übung und wechseln zu der normalen Überkreuzbewegung (also Anheben der jeweils gegenüber

liegenden Arme und Beine); führen Sie 12 Überkreuzbewegungen aus.

- Wiederholen Sie den gesamten Ablauf noch zwei Mal.
- Ankern Sie mit einem weiteren Dutzend Überkreuzbewegungen und den „drei Klopfpunkten".

Die Cook-Übung

Dauer der Übung: etwa 2 Minuten. Setzen Sie sich zunächst aufrecht auf einen Stuhl.

- Legen Sie Ihren rechten Fußknöchel auf Ihr linkes Knie. Umfassen Sie Ihren rechten Fußknöchel mit Ihrer linken Hand. Legen Sie die rechte Hand um den Ballen des rechten Fußes.
- Atmen Sie langsam durch die Nase ein und aus; mit dem Einatmen sollte sich Ihr Körper leicht anheben. Ziehen Sie gleichzeitig Ihr rechtes Bein sanft zu Ihrem Körper hin, sodass eine Dehnung entsteht. Atmen Sie nun langsam durch den Mund wieder aus und entspannen Sie dabei Ihren ganzen Körper. Wiederholen Sie dieses langsame Atmen und Dehnen etwa fünf Mal.

- Wechseln Sie nun zum anderen Fuß. Legen Sie Ihren linken Fußknöchel auf Ihr rechtes Knie. Umfassen Sie Ihren linken Fußknöchel mit der rechten Hand. Legen Sie die linke Hand um den Ballen des linken Fußes. Atmen Sie genauso wie bei Schritt 2.

- Stellen Sie nun Ihre Beine fest nebeneinander auf den Boden und führen Sie die Fingerspitzen beider Hände sanft zusammen, sodass diese eine Pyramide formen. Führen Sie die Hände nach oben, sodass Ihre Daumen auf Ihrem Dritten Auge, direkt über der Nasenwurzel, zu liegen kommen. Atmen Sie langsam durch die Nase ein. Atmen Sie durch den Mund aus, lassen Sie gleichzeitig Ihre Daumen langsam nach rechts und links auseinander gleiten und dehnen Sie dabei sanft die Haut auf Ihrer Stirn.

- Bringen Sie nun Ihre Hände vor Ihrem Körper langsam wieder nach unten, atmen Sie dabei langsam aus und gehen Sie während des Ausatmens in die Entspannung.

Der Kronenzug

Dauer der Übung: etwa 15 Sekunden. Atmen Sie während der gesamten Übung tief durch die Nase ein und durch den Mund aus.

- Legen Sie Ihre Daumen rechts und links an Ihre Schläfen. Die Fingerspitzen der anderen Finger liegen leicht gekrümmt auf der Stirn, etwa über der Mitte der Augenbrauen.

- Ziehen Sie Ihre Finger langsam und mit leichtem Druck in Richtung der Schläfen, sodass die Haut oberhalb der Augenbrauen sanft gedehnt wird.

- Legen Sie Ihre Fingerspitzen auf die Mitte der Stirn und wiederholen Sie die Dehnung.

- Legen Sie dann Ihre Fingerspitzen an den Haaransatz und wiederholen Sie auch hier die Dehnung.

 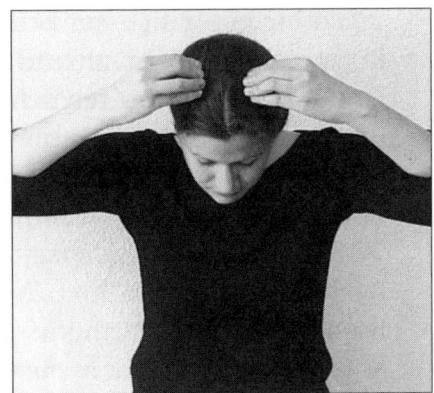

- Wiederholen Sie dieses Muster an den folgenden Stellen des Kopfes:

  a) Finger auf dem Kopf – die *kleinen* Finger liegen am Haaransatz. Ziehen Sie Ihre Hände auseinander und üben Sie dabei spürbaren Druck aus, so als wollten Sie Ihren Kopf auseinander ziehen.

  b) Finger auf der Mitte des Kopfes; ziehen Sie Ihre Hände wiederum mit Druck auseinander.

  c) Finger auf der Rundung des Hinterkopfes; die Hände werden wieder mit Druck auseinander gezogen.

  d) Wiederholen Sie jede dieser Zugübungen mehrmals.

Der Wirbelsäulen-Energiestrom

Als Partnerübung:

Fühlen Sie sich morgens beim Aufwachen noch müde, so bringt Ihnen diese Übung neue Energie; sind Sie abends abgespannt, dient sie der Entspannung. Die Übung eignet sich besonders dazu, sie mit einem Partner oder Freund durchzuführen. Dauer: etwa 1 Minute.

- Legen Sie sich ausgestreckt auf eine Unterlage, mit dem Gesicht nach unten, oder stehen Sie mit dem Gesicht zur Wand und stützen Sie sich mit beiden Armen ab. Dies verleiht Ihrem Körper Stabilität, während Ihr Partner oder Ihre Partnerin Druck auf Ihren Rücken ausübt.

- Ihr Partner/Ihre Partnerin massiert nun mit Daumen oder Mittelfingern die Punkte beiderseits der Wirbelsäule mit starkem Druck, den er/sie durch Einsatz seines/ihres Körpergewichts dosiert. Er/sie beginnt am Nacken und arbeitet sich nach unten bis zum Kreuzbein.

- Ihr Partner/ihre Partnerin sollte so tief wie möglich in die Mulden zwischen den einzelnen Wirbeln hineingehen und diese Stellen kräftig massieren. Er oder Sie sollte mindestens fünf Sekunden lang auf jedem Punkt bleiben und dabei die Haut mit starkem Druck kreisförmig oder nach allen Seiten bewegen.

- Ist Ihr Partner/ihre Partnerin am Kreuzbein angelangt, so kann die Massage entweder wiederholt oder zum Abschluss gebracht und mit einem Ausstreichen der Energie vervollständigt werden. Dazu streicht ihr Partner/ihre Partnerin mit den Handflächen zwei- oder dreimal von oben, von den Schultern, den ganzen Rücken nach unten und weiter über Beine und Füße hinaus.

Machen Sie sich keine Gedanken darüber, ob Sie vielleicht einen Punkt vergessen. Jeder Ihrer Meridiane wird ausreichend aktiviert, indem Sie die Stellen zwischen allen Wirbeln massieren. Es ist auch nicht wichtig die Namen der Meridiane zu kennen, die mit diesen Punkten in Verbindung stehen, Sie sollten jedoch Ihren Partner bitten, *den* Punkten, die empfindlicher sind als andere, besondere Aufmerksamkeit zukommen zu lassen.

Ohne Partner:

Haben Sie keinen Partner, mit dem Sie arbeiten können, so können Sie viele Punkte auf Ihrem Rücken selbst erreichen und massieren. Fassen Sie dazu mit einer Hand so weit wie möglich über

Ihre Schulter oder umfassen Sie Ihre Taille. Finden Sie außerdem empfindliche Stellen auf Ihrer Körpervorderseite und massieren Sie diese einige Sekunden. Die Empfindlichkeit wird vielleicht nicht sofort verschwinden, dennoch ist dies eine gute Methode, den Blutstrom zu harmonisieren. Diese Art der Selbstmassage stimuliert die so genannten neurolymphatischen Punkte und ist sehr effektiv, wenn sie täglich durchgeführt wird. Sie harmonisiert das Fließen des Blutes und löst damit eventuell vorhandene Energieblockaden. Sie werden den Unterschied spüren.

Der Reißverschluss

- Klopfen Sie die Punkte Ni 27 gut spürbar um sicherzustellen, dass die Energie in Ihren Meridianen in die richtige Richtung fließt.
- Legen Sie eine Hand auf das untere Ende des Zentralmeridians, am Schambein.
- Atmen Sie tief ein und bewegen Sie dabei Ihre Hand ganz bedächtig in der Körpermitte nach oben, bis zur Unterlippe.
- Wiederholen Sie diese Aufwärtsbewegung drei Mal.

Anschließend stimulieren Sie hier noch Nabel und Drittes Auge:

Legen Sie den Mittelfinger einer Hand auf Ihr Drittes Auge (zwischen den Augenbrauen, über der Nasenwurzel) und den Mittelfinger der anderen Hand auf den Bauchnabel. Üben Sie auf beide Punkte sanften Druck nach innen und oben aus und halten Sie diese Position etwa 20 Sekunden lang.

Schlusswort

Die Erkenntnis, dass positives Denken und „erlernter Optimismus" zu sich selbst erfüllenden Prophezeiungen werden können, ging vor einiger Zeit wie eine kleine Revolution durch die traditionelle Psychologie. Die „Positive Psychologie", wie sich die neue Richtung nennt (http://de.wikipedia.org/wiki/Positive_Psychologie) kann stichhaltige Beweise dafür vorlegen, dass Menschen mit positiver Einstellung in dieser Welt mehr erreichen, erfolgreicher sind, sich besser anpassen können, gesünder bleiben und – wenn sie einmal krank sind – schneller genesen als Menschen, die eher pessimistisch in die Zukunft blicken. Vielleicht legen also Therapien, die sich in erster Linie mit den Problemen und den negativen Aspekten des Lebens eines Klienten befassen, zu viel Gewicht auf den falschen Aspekt. Eine positive Ausrichtung führt zu positiven Ergebnissen.

Die Psychologie kann sich zwar nicht ausschließlich auf dieses Grundprinzip berufen, doch können dadurch viele Menschen zu Einstellungen angeleitet werden, die sich positiv auf ihr Leben auswirken. Einsichten, Wille und Intention – gemeinhin „gesunder Menschenverstand" genannt – reichen oft nicht aus, um tief verwurzelte Einstellungen zu verändern. Energetische Techniken und Verfahrensweisen bieten in Kombination mit anderen Methoden wie etwa Visualisierungen und Affirmationen äußerst effektive Möglichkeiten, solche Veränderungen auf den Weg zu bringen. Die Stimulation bestimmter energetischer Punkte bei gleichzeitiger mentaler Aktivierung des Problems oder Ziels scheint bei korrekter Anwendung unmittelbar bestimmte neurologische Veränderungen zu bewirken, die die biochemischen Voraussetzungen des Problems ausschalten; zum anderen werden dadurch offenbar ein Energiefeld und damit in Zusammenhang stehende biochemische Prozesse aktiviert, die das angestrebte Ziel unterstützen.

Die Techniken und Verfahrensweisen können also einerseits dazu eingesetzt werden, einen *erwünschten* psychischen Zustand zu fördern; auf der anderen Seite sind sie auch geeignet, einen *unerwünschten* Zustand zu verändern. Visualisiert jemand sich selbst, wie er ein wohl überlegtes Ziel erreicht, und treten dabei unmittelbar Störungen in seinem Nieren- und Magenmeridian auf, so sind dadurch seine Ausrichtung auf sein Ziel und damit seine Effektivität gefährdet. Kommen jedoch Techniken und Verfahrensweisen zum Einsatz, die die energetische Störung beseitigen, so kann die betreffende Person ihrem Ziel entgegengehen, ohne dass die Energien, die ihr Denken und Handeln maßgeblich beeinflussen, damit im Widerstreit liegen. Sind diese Hindernisse erst einmal beseitigt, so können energetische Verfahren in Kombination mit imaginativen Techniken dazu eingesetzt werden, die betreffende Person mit einem Energiefeld zu umgeben, das die körpereigenen Energiesysteme so ausrichtet, dass diese sich in Übereinstimmung mit dem Ziel befinden. Die feinstofflichen Energien eines Menschen mit seinen positiven Absicht in Einklang zu bringen ist ein entscheidender, weit reichender Eingriff.

Der Begriff der feinstofflichen Energie beschreibt immer noch etwas nicht Fassbares, doch wissen wir instinktiv, was gemeint ist, wenn wir von einer Person sagen, dass Sie eine Energie ausstrahle, die andere Menschen bereichert, oder dass eine negative Person selbstzerstörerische Tendenzen zeige; wir begreifen, obwohl wir diese Energien nicht genau definieren und schon gar nicht sichtbar machen können. Die *Energy Psychology*® fügt dem psychologischen Repertoire Techniken hinzu, mit denen an psychischen Problemen und Zielen beteiligte Energien sich identifizieren und dahingehend beeinflussen lassen, dass sie die angestrebten Ergebnisse unterstützen. Energetische Verfahren treten nicht an die Stelle von Wille und Einsicht; sie wirken von einem anderen Ansatzpunkt aus und haben Stärken, die den traditionellen psychologischen Instrumenten fehlen.

So gesehen liefert die *Energy Psychology*® ein fehlendes, dringend benötigtes Verbindungsstück zwischen Verfahren und Resultat; ihr Beitrag zum Therapieerfolg könnte den entscheidenden Unterschied ausmachen und psychologische Verfahren, die die Wirkung der feinstofflichen Energie *nicht* mit einbeziehen, könnten in Zukunft sogar als „archaisch" gelten.

Vielleicht werden wir Menschen niemals in der Lage sein, subjektives Empfinden und Erleben mit Begriffen zum Beispiel aus der Neurochemie oder auch mit Hilfe der feinstofflichen Energie angemessen zu erklären – ein zunehmendes Verständnis der Rolle der feinstofflichen Energie fließt jedoch nach und nach auch in unser Verständnis vieler anderer Geheimnisse mit ein. Beispiele:

- dass das Stimulieren einer bestimmten Reihe von Akupunkturpunkten eine unerwünschte emotionale Reaktion schnell neutralisieren kann;
- dass überzeugend gezeigt wurde, wie der Fokus unserer Intention sich auf tatsächlich eintretende Ereignisse auswirkt;
- dass telepathischer Austausch von Informationen sich nachweisen lässt;
- dass bestimmte Persönlichkeitsmerkmale eines Organspenders mysteriöserweise beim Organempfänger auftauchen;
- dass positive Vorstellungen und Gebete Heilung über weite Entfernungen möglich machen.

Noch hat die Psychologie keine schlüssigen Erklärungen für derartige Phänomene und vielleicht bieten solche Ansätze das fehlende Bindeglied, die von einem Energiefeld sprechen, das Informationen enthält – und vielleicht Eigenschaften hat, die wir uns kaum vorstellen können, wie etwa eine Version der Nichtlokalität auf Makroebene (entsprechend der Quantentheorie) oder unvorstellbare Raum-Zeit-Beziehungen.

Die Natur der feinstofflichen Energie ist immer noch ein Rätsel. Was wir bereits wissen lässt jedoch vermuten, dass diese Energie die physische Gesundheit mit beeinflusst und darauf ausgerichtet werden kann, die Menschen dabei zu unterstützen, mentale Probleme zu überwinden und ihre geistigen Fähigkeiten zu steigern. Vielleicht sind feinstoffliche Energien auch das Bindeglied zwischen dem Leben im physischen Körper und den Archetypen oder anderen spirituellen Bereichen und Ebenen. Vielleicht wartet ein ganzes Universum an feinstofflichen Energien darauf, von uns entdeckt zu werden. Der verantwortungsbewusste Umgang mit diesen Energien zeigt heute bereits viel versprechende Ergebnisse, wenn es darum geht, die Menschen in die Lage zu versetzen, ihre eigenen Gefühle, Gedanken und ihr Verhalten in von ihnen selbst bestimmte Richtungen zu lenken.

Anhang

1. Die Grundform der Klopfsequenz im Überblick

Vorbereitung:
- Die drei Klopfpunkte / Die drei Nabelpunkte (S. 20/22)
- Bestimmen Sie Ihr Problem.
- Ordnen Sie es auf einer Skala von 0 bis 10 ein.
- Formulieren Sie Ihren „Erinnerungssatz".

Schritt 1:

Massieren Sie einen oder beide „wunde Punkte" auf Ihrer Brust und sprechen Sie dabei gleichzeitig drei Mal laut Ihre Eröffnungsaussage nach dem Muster: „Ich liebe und akzeptiere mich von ganzem Herzen, auch wenn ich ... (dieses Problem habe)." (Benennen Sie Ihr Problem.)

Schritt 2:

Klopfen Sie die Punkte (siehe S. 33) und sprechen Sie dabei laut Ihren Erinnerungssatz.

Schritt 3:

Klopfen Sie den Punkt zwischen und etwas oberhalb der Knöchel von Ringfinger und kleinem Finger (S. 38) und führen Sie dabei nacheinander folgende Anweisungen aus:
- Augen nach rechts unten,
- Augen nach links unten,
- Augen im Kreis – im Uhrzeigersinn,
- Augen im Kreis – entgegen dem Uhrzeigersinn,
- summen Sie einige Töne eines Liedes,
- zählen Sie bis fünf,
- summen Sie nochmals,
- folgen Sie mit Ihren Augen einer weit nach draußen projizierten Linie von unten nach oben.

Schritt 4:
Wiederholen Sie Schritt 2.

Schritt 5:
Ordnen Sie das Problem nochmals auf der Skala zwischen 0 und 10 ein. Liegt Ihr Wert über 0, wiederholen Sie das Verfahren nochmals ab Schritt 1.

Liegt Ihr Wert bei 0 oder fast bei 0, visualisieren Sie eine optimale Reaktion in der betreffenden Situation und bewerten Sie die Glaubwürdigkeit auf der Skala von 0 bis 10. (10 bedeutet in diesem Fall „absolut glaubwürdig".)

Wiederholen Sie gegebenenfalls Schritt 1 bis 4; verwenden Sie dabei einen Erinnerungssatz, der Ihre ideale Reaktion formuliert, und visualisieren Sie diese Situation, während Sie klopfen. Wenden Sie das ganze Verfahren so oft an, bis die Glaubwürdigkeit mindestens bei 8 liegt. Danach können Sie Ihre Resultate im „wirklichen Leben" überprüfen.

Die Klopfpunkte
(Vgl. die Abbildung auf Seite 33):
• Augenbrauenpunkt
• Seitlich des Auges
• Jochbein
• Unter der Nase
• Unter der Unterlippe
• Schlüsselbeinpunkt
• Unter dem Arm
• Handkantenpunkt

2. Weitere Perspektiven der Arbeit mit *Energy Psychology*®

Ist es möglich, eine bestimmte emotionale Reaktion, die Ihnen keinen Nutzen bringt (wie zum Beispiel eine unbegründete Angst, ein unbegründetes Schuldgefühl, unbegründeter Hass oder unbegründete Eifersucht), genau zu identifizieren und wenden Sie dann das in Teil I vorgestellte energetische Verfahren an, so lassen erste klinische Erfahrungen mit *Energy Psychology*® den Schluss zu, dass sich dadurch das Muster in einer überraschend großen Zahl von Situationen verändert. Handelt es sich zum Beispiel um eine unbegründete Angst vor Spinnen, so ist das Klopfverfahren eine wesentlich effektivere Möglichkeit der Intervention als lediglich das Sprechen einer Affirmation wie etwa: „Ich bleibe beim Anblick einer Spinne ruhig und gelassen." Neben dem Neuprogrammieren unerwünschter emotionaler Reaktionen wird immer häufiger von Fällen berichtet, in denen sich dieselbe Methode mit gutem Erfolg auch für das *Erreichen von Zielen* anwenden ließ. Wendet man die Klopfsequenz an, um die Glaubwürdigkeit der Visualisierung einer optimalen Reaktion in einer bestimmten Situation zu erhöhen (vergleiche S. 48), so scheint dieses Vorgehen sich in größerer persönlicher Effektivität niederzuschlagen, und zwar so häufig, dass es sich lohnt damit zu experimentieren.

Einige Anwender gehen sogar so weit, die Klopfsequenz für sämtliche Aspekte des Lebens einzusetzen. So empfiehlt etwa der australische Psychologe Steve Wells, das Klopfverfahren für jedes Problem anzuwenden und es so lange immer wieder durchzuführen, bis jede noch so geringe Spur des Problems vollständig ausgelöscht ist. Er empfiehlt weiter, dieses Verfahren nicht nur als eine Art Heilmethode zu verwenden, mit der bereits existierende Probleme sich ausschalten lassen, sondern es auch zu nutzen, um grundlegende Lebenseinstellungen zu verändern und so für sich selbst eine „neue Zukunft" zu erschaffen. Er ist davon überzeugt, dass selbst diejenigen, die die Methode bereits kennen, ihr Potenzial unterschätzen, den Menschen zu größerer emotionaler Freiheit verhelfen und ihre Ziele und Möglichkeiten zu unterstützen.

Die Entwicklung dieses neuen Gebietes der Psychologie steckt sicherlich noch in den Anfängen und es ist daher noch zu früh zu beurteilen, ob diese optimistische Einschätzung der Wirkung der *Energy Psychology®* lediglich auf die Begeisterung eines ihrer Anhänger zurückzuführen ist oder ob es sich tatsächlich um ein neues Paradigma handelt, das jeden von uns mit größerer emotionaler Freiheit und Kontrolle ausstatten kann. Solange noch keine gesicherten Forschungsergebnisse vorliegen, finden Sie die besten Antworten in Ihrem eigenen „Labor", das heißt, indem Sie selbst mit der Methode experimentieren. Die Methode gewinnt jedenfalls in dem Maß ständig an Popularität, in dem eine stets größer werdende Zahl von Menschen ihre Wirkung entdeckt.

Was aber, wenn die Methode bei Ihnen *keine* Wirkung zeigt? Angenommen, Sie wenden die Verfahren genau so an wie beschrieben und versuchen nicht, diese bei Themen einzusetzen, die in die Hand von Ärzten und professionellen Therapeuten gehören, dann sollten Sie für den Fall, dass Sie *keine* Veränderungen erreichen, einige physische und psychische Faktoren in Betracht ziehen.

Physische Faktoren

Bereits in Teil II wurde erläutert, dass Stress und Erschöpfung den Fluss und das Gleichgewicht der Energien, die die Gehirnfunktionen unterstützen, beeinträchtigen können und dass in diesen Fällen energetische Verfahren, die auf psychische Veränderungen zielen, weniger effektiv sind. Ein wichtiger erster Schritt ist somit, für ausreichend Schlaf und Bewegung sowie für eine ausgeglichene Ernährung zu sorgen. Sind diese Voraussetzungen erfüllt, so bietet Teil II dieses Buches eine Reihe von Techniken und

Verfahrensweisen an, die sich für das Harmonisieren der körpereigenen Energien ebenso eignen wie für das Optimieren der Funktionen des Nervensystems und damit des klaren Denkens, des leichten Lernens und allgemein der Vitalität. Diese Verfahren können *vor* dem Klopfverfahren angewandt werden, sie können jedoch auch als tägliche Routine, sozusagen als „energetisches Vitamin" für einen optimalen Energiefluss eingesetzt werden. (Ein Therapeut, der unmittelbar mit dem körpereigenen Energiesystem arbeitet, kann Ihnen diesbezüglich weiterhelfen.)

Manche professionellen Anwender haben außerdem festgestellt, dass in einer gewissen Anzahl von Fällen Empfindlichkeiten oder feinstoffliche allergische Reaktionen auf bestimmte Nahrungsmittel die Effektivität der Klopfverfahren beeinträchtigen. (Nach Schätzungen sind mittlerweile mehr als 10 000 chemische Stoffe in unserer Nahrung nachweisbar.) Auch Medikamente, Parfums, bestimmte Kleidungsstücke oder auch Umweltsubstanzen können diese Wirkung haben. Diese Themen werden derzeit noch kontrovers diskutiert, doch reagieren manche Menschen offensichtlich besonders stark auf in der Nahrung enthaltene Substanzen oder auf bestimmte Umweltbedingungen.

Ein weiterer Punkt, der in diesem Zusammenhang in Erwägung gezogen werden sollte, ist die Auswahl der Akupunkturpunkte, die durch das Klopfen stimuliert werden. Einige Anwender sind der Meinung, dass die in Teil I dieses Buches vorgestellte Abfolge von Punkten für bestimmte Personen und Themen nicht passt. Sie wenden dann andere, oftmals umfangreichere und komplexere Klopfsequenzen an. Ein professioneller Anwender, der tiefer gehende Methoden zur Verfügung hat, kann sicher in manchen Fällen hilfreich sein. Viele Anwender stehen jedoch auf dem Standpunkt, dass die meisten von uns mit dem hier vorgestellten Basisverfahren zumindest bei einigen ihrer Themen viel versprechende Ergebnisse erzielen können.

Psychische Faktoren

Führt das Klopfverfahren aus Teil I dieses Buches nicht zu den gewünschten Ergebnissen, obwohl es korrekt durchgeführt wurde, so ist der Grund sehr häufig darin zu suchen, dass das Problem Bestandteil eines größeren emotionalen Themenkomplexes ist. Dies könnte als Hinweis verstanden werden, dass ein professioneller Therapeut oder Arzt eingeschaltet werden sollte; häufig genügt es jedoch, die einzelnen Aspekte eines Problems nacheinander aufzulösen.

Von Gary Craig, dem Begründer der EFT, stammt ein bildhafter Vergleich, der verständlich macht, worum es bei den einzelnen Aspekten eines Problems geht. Um zu beschreiben, wie er ein Problem wie etwa generalisierte Angst oder ständiges Schamgefühl anpackt, bringt er den Vergleich mit einem Tisch: Die Tischplatte steht dabei für das erkennbare Problem, die Tischbeine sind die einzelnen Aspekte, nämlich bestimmte Einzelereignisse im Leben des Klienten, die jedes Mal ähnliche Gefühle ausgelöst haben. Sägt man die Beine an, so fällt die Tischplatte häufig spontan oder mit geringer Unterstützung herunter. Anstatt gleich die „Tischplatte" oder das grundsätzliche Problem (etwa: „Ich empfinde Scham") anzupacken, arbeitet er lieber mit den „Tischbeinen" und geht in die Historie des Problems; er bearbeitet also *ein spezifisches* Ereignis nach dem anderen, bis jede Erinnerung, bei der die Scham beteiligt war, aufgelöst ist. (Sind einige der wichtigsten spezifischen Ereignisse aufgelöst – Gary Craig schätzt ihre Zahl auf 5 bis 20 –, so setzt eine Art „Generalisierungseffekt" ein und die restlichen Aspekte werden emotional gelöst.)

Will man eine bestimmte Erinnerung auflösen, so muss diese in manchen Fällen in kleinere Einzelaspekte aufgeteilt werden („das Gefühl von Eiseskälte in meinem Herzen", „ihr Blick, als sie mich entdeckte", „der Klang seiner Stimme" und vieles mehr), die dann jeder für sich bearbeitet werden. Craig berichtet, dass die Bearbeitung dieser „Mikro-Aspekte" eines Problems nicht nur zu einer sehr hohen Erfolgsquote führt, sondern dass darüber hinaus die Erfolge sehr viel dauerhafter sind als bei der Arbeit mit einer allgemeineren Formulierung des Problems. (Gary Craigs Internetseite www.emofree.com bietet eine sehr effektive Suchmaschine, mit deren Hilfe Sie Beiträge zu EFT mit Hunderten spezieller Beispiele finden können.)

Wann ist professionelle Hilfe notwendig?

Das Arbeitsfeld der Psychotherapie hat sich im Laufe der Zeit immer stärker verzweigt und spezialisiert und bietet Hilfe für ein breites Spektrum an psychischen Problemen. Haben Sie den vorliegenden Leitfaden sorgfältig durchgearbeitet und bestehen die Probleme, die Ihnen Sorge bereiten, anschließend immer noch, so sollten Sie ernsthaft erwägen sich Hilfe von außen zu holen. Es stehen ausreichend Therapiemöglichkeiten zur Verfügung. Die Auswahl des „richtigen" Therapeuten ist von größter Bedeutung. Hier sind Kompetenz und Qualifikation entscheidend. Sprechen Sie gegebenenfalls mit kundigen Freunden oder mit Ihrem Arzt über deren Empfehlungen.

3. Wie *Energy Psychology*® funktioniert

Es ist mittlerweile allgemein akzeptiert, dass chemische Ungleichgewichte bei psychischen Problemen, etwa bei Ängsten oder Depressionen, eine Rolle spielen. Inzwischen mehren sich Hinweise darauf, dass auch die körpereigenen Energien an emotionalen Störungen beteiligt sind und dass Eingriffe in das körpereigene Energiesystem die Neurochemie des Gehirns so verändern können, dass dadurch das Auflösen vieler psychischer Probleme erleichtert wird. Die Techniken und Verfahrensweisen, die Sie in diesem Buch gelernt haben, wurden bereits in vielen Situationen erfolgreich erprobt und haben sich auch bei der psychologischen Unterstützung von Menschen bewährt, die von großen

Unglücksfällen oder Nachwirkungen traumatischer Ereignisse betroffen waren. Die dabei verwendeten einfachen Verfahren sind den Lesern dieses Buches bereits bekannt: Sich selbst Trost spenden, mit den eigenen Händen und den eigenen Worten.

Unsere Hände tragen eine elektromagnetische Ladung und auch jede unserer Zellen und jedes Organ weist eine elektrische Ladung auf. Die Nervenbahnen zur Informationsübermittlung funktionieren elektrisch, jedes Organ und unser gesamter Körper sind von einem elektromagnetischen Feld umgeben. Darüber hinaus existieren noch feinstoffliche Energien wie das Chi der Akupunkteure oder das Prana der Yogis – sie alle sind Teile unserer körpereigenen Energien. Psychische Probleme entstehen dann, wenn eine regelmäßig gemachte Erfahrung dazu führt, dass unser Gehirn elektrische Signale aussendet, die eine Emotion (wie Angst, Depression oder Ärger), eine Wahrnehmung oder ein Verhalten auslösen, die in der aktuellen Situation nicht angemessen sind. Der Auslöser kann eine *Erfahrung* sein, die wir öfter machen, wie zum Beispiel eine Prüfungssituation. er kann jedoch auch in unserem Inneren angesiedelt sein, wie es etwa bei immer wiederkehrenden Erinnerungen, Bildern oder Gedanken der Fall ist. Eine Möglichkeit derartige Probleme anzupacken besteht darin, direkt an den Energien zu arbeiten, die das Muster der Reaktion des Gehirns auf den Auslöser aufrechterhalten. Dies ist der Ansatz der *Energy Psychology*®.

Werden zum Beispiel bestimmte Gehirnbereiche immer dann übermäßig stimuliert, wenn wir an eine bestimmte Situation denken, und führt dies zu Emotionen, die uns hinderlich sind, so bietet uns die *Energy Psychology*® die Möglichkeit, an die Situation zu denken und gleichzeitig bestimmte auslösende Punkte, so genannte Triggerpunkte, zu berühren, zu klopfen oder zu massieren, die die korrekturbedürftige Gehirnreaktion verändern. Dadurch lernen Körper und Gehirn ein neues Muster und der betreffende Gedanke oder die Situation führen nicht mehr zu einer

Überreaktion. Häufig sind diese Triggerpunkte mit Akupunkturpunkten identisch. Es ist jedoch nicht unbedingt erforderlich,
Akupunkturnadeln zu setzen, um den gewünschten Erfolg zu erzielen. Das Klopfverfahren kann für sich allein viele emotionale
und psychische Probleme auflösen.

Versuchen wir diese hier behauptete Geschwindigkeit und
Effektivität, mit der die Stimulation von Akupunkturpunkten bei
Problemen wie Ängsten ihre Wirkung entfaltet, mit Hilfe von
Kategorien wie Einsicht, kognitive Neuprogrammierung, Beloh-
nung und Bestrafung oder auch mit Einbeziehung der heilsamen
Wirkung eines Vertrauensverhältnisses zwischen Therapeut und
Klienten zu erklären – so scheinen derartige Behandlungsergeb-
nisse nicht im Rahmen des Möglichen zu liegen. Untersucht man
jedoch elektrochemische Veränderungen in der Neurochemie des
Gehirns, hervorgerufen durch die Stimulation von Akupunkturpunkten, so beginnt sich eine schlüssige Hypothese zu entfalten.
Die elektrochemische Grundlage der klinisch dokumentierten Ergebnisse (aufgrund der Stimulation von Akupunkturpunkten bei
der Behandlung von Ängsten) lässt sich wie folgt zusammenfas-
sen:

**Das Stimulieren von Akupunkturpunkten bei gleichzeitiger
Aktivierung eines Angst auslösenden Bildes verändert die neurologischen Verbindungen zur Amygdala und anderen Gehirn-
bereichen so, dass die Angstreaktion auf das betreffende Bild
abgeschwächt wird.**

Diese Zusammenfassung der Auswirkungen, die das Stimulieren von Akupunkturpunkten zeigt, basiert auf drei empirisch
nachgewiesenen Grundlagen:

• Bestimmte Wellenmuster des Gehirns wurden als Angst aus-
  lösend identifiziert und in Fachkreisen als solche allgemein
  anerkannt.

• Durch das Stimulieren eines Akupunkturpunktes werden Signale an bestimmte Gehirnbereiche gesandt. Eine im Jahr 2000

an der *Harvard Medical School* durchgeführte Studie von Hui und Mitarbeitern kommt zu folgendem Ergebnis: „Diese vorläufigen Ergebnisse (auf der Grundlage von Magnetresonanztomographie-Messungen) legen den Schluss nahe, dass eine Manipulation mit Akupunkturnadeln die Aktivität des limbischen Systems und anderer subkortikaler Gehirnstrukturen verändert. Wir stellen die Hypothese auf, dass die Modulation (Veränderung) subkortikaler Strukturen wahrscheinlich der entscheidende Mechanismus ist, durch den die Akupunktur ihre komplexe, viele Systeme beeinflussende Wirkung entfaltet."

• Ein Forschungsprogramm, durchgeführt von Joseph LeDoux an der *New York University*, zeigt, dass die Reaktivierung einer Erinnerung diese empfänglich macht für Manipulationen, die die für erworbene Ängste verantwortlichen Verbindungen zu und von der Amygdala verändern können.

Weitere Untersuchungen der Gehirnwellen haben gezeigt, wie diese grundlegenden Vorgänge zusammenarbeiten, sodass durch das Stimulieren bestimmter Akupunkturpunkte bei gleichzeitiger Aktivierung eines Angst auslösenden Bildes Signale ausgesandt werden, die das betroffene Wellenmuster normalisieren.

Angst auslösende Gedanken, Bilder oder Erinnerungen lassen sich auf diese Weise schnell und offenbar dauerhaft neutralisieren. Dies ist eines der grundlegenden Verfahren, die in der *Energy Psychology*® weiterentwickelt wurden. Akupunkturpunkte, wie sie schon vor vielen tausend Jahren aufgezeichnet wurden, weisen einen geringen elektrischen Widerstand auf und eine hohe Konzentration an Rezeptoren, die auf mechanische Stimulierung der Haut ansprechen. Werden diese Punkte geklopft, massiert oder gehalten oder mit Hilfe der stärker invasiven Verfahren wie Setzen von Nadeln oder elektrischen Impulsen stimuliert, so werden dadurch Signale aktiviert, die an verschiedene Gehirnareale gehen und die offenbar in der Lage sind, dort die Wellenmuster des Gehirns zu verändern und gestörte Muster in eine normale Frequenz zu bringen; dies lässt sich durch moderne Messmethoden sichtbar machen.

Anmerkungen

1. Viele Elemente in diesem Abschnitt entstanden mit freundlicher Unterstützung von Gary Craig und basieren auf seinen *Emotional Freedom Techniques* (EFT). EFT wurde auf der Basis von Roger Callahans *Thought Field Therapy* (TFT) entwickelt und eignet sich besonders zur Selbsthilfe.

2. Einzelheiten zu diesen Untersuchungen sowie weiteres Material zu Theorie und Forschung auf diesem Gebiet finden Sie in *Energy Psychology Interactive*, dem CD-Programm mit begleitendem Handbuch für professionelle Therapeuten – siehe unter www.EnergyPsychologyInteractive.com.

3. Siehe *Energy Psychology Interactive* (Handbuch für professionelle Therapeuten), Kapitel 4.

4. Die hier vorgestellten grundlegenden Begriffe und Verfahrensweisen stammen aus Gary Craigs EFT-Verfahren (vgl. Silvia Hartmann, *Emotionale Freiheit,* Kirchzarten: VAK, 2002).

5. Entwickelt von der Psychologin Patricia Carrington als die „Wahlmethode" (*The Choices Method*); weitere Informationen zu diesem Ansatz finden Sie unter www.eft-innovations.com/Articles/collection.htm

6. Die Methode „Berühren und Atmen" wurde von dem Psychologen John Diepold entwickelt.

7. Nach dem Muster der „Ergebnisprojektion" von F. Gallo, vgl. sein *Handbuch der Energetischen Psychotherapie*, Kirchzarten: VAK, 2002, S. 245.

8. Dieses Verfahren, entwickelt von dem Psychiater Daniel J. Benor, verbindet Methoden des EMDR (*Eye Movement Desensitization and Reprocessing*) und der EFT (*Emotional Freedom Techniques*).

9. Siehe *Energy Psychology Interactive* (Handbuch für professionelle Therapeuten), Kapitel 3.

10. Diese Übungen sind mit freundlicher Genehmigung entnommen aus dem dritten Kapitel von Donna Eden: *Energy Medicine* (New York: Penguin Putnam, 1999).

Über den Autor

Dr. David Feinstein ist klinischer Psychologe und Leiter des gemeinnützigen *Energy Medicine Institute* in Ashland (Oregon). Vorher lehrte er an der *Johns Hopkins University School of Medicine* und an der *California School of Professional Psychology*. Er veröffentlichte bisher bereits mehr als 50 wissenschaftliche Beiträge zu psychologischen Themen sowie vier populärwissenschaftliche Selbsthilfebücher. Seine wichtigsten Werke:

- *The Mythic Path*, dt. Ausgabe: *Persönliche Mythologie. Die psychologische Entwicklung des Selbst* (Koautor: Stanley Krippner), München: Heyne, 1998
- *Rituals for Living and Dying,* dt. Ausgabe: *Zeit des Lebens, Zeit des Sterbens. Rituale für den Umgang mit der eigenen Sterblichkeit* (Koautorin: Peg E. Mayo), München: Kösel (Medienkombination)
- *Energy Medicine* (Koautorin: seine Ehefrau Donna Eden) und *Energy Psychology Interactive* (ein Multi-Media-Lehrwerk für professionelle Therapeuten) – nähere Informationen zu den beiden letzten Titeln unter: www.innersource.net

Fred P. Gallo, Harry Vincenzi:
Gelöst – entlastet – befreit
Klopfakupressur bei emotionalem Stress

Für psychische Probleme, die man ohne Therapeut lösen möchte, bietet dieses Buch schnelle Abhilfe: mit Klopfakupressur, einer sanften Methode zum Energieausgleich, die auf der altbewährten Akupunktur beruht. Dieses Klopfen von Akupunkturpunkten kann man auch als Laie einsetzen, um sein psychisches Wohlbefinden zu pflegen. In anwendungsfreundlicher Form beschreiben die Autoren die einzelnen Schritte der Selbsthilfe etwa bei Depressionen, Süchten, Schuldgefühlen, Phobien, bei Eifersucht und Übergewicht, bei Traumata und Beziehungsproblemen.

204 Seiten, 30 Abbildungen, Paperback (18 x 24,5 cm)
ISBN-10: 3-932098-82-X, ISBN-13: 978-3-932098-82-6

Silvia Hartmann:
Emotionale Freiheit
Soforthilfe in Stress-Situationen mit Akupressur

Ein einfaches Verfahren und doch eine hoch effiziente Methode zur Selbsthilfe, die bei vielen kleinen Problemen des Alltags und bei emotionalen Belastungen anwendbar ist. Klopfen auf bestimmte Akupressurpunkte bringt rasche Erleichterung bei Alltagsstress. Selbst gesundheitliche Beschwerden wie Schmerzen und asthmatische Erkrankungen lassen sich durch das gezielte Klopfen lindern. Diese Methode ist auch bei belastenden Erinnerungen und Gedanken hilfreich. Probieren Sie es selbst einmal aus!

203 Seiten, Paperback (15 x 21,5 cm)
ISBN-10: 3-935767-07-2
ISBN-13: 978-3-935767-07-1

Silvia Hartmann:
EmoTrance
*Wie Sie belastende Emotionen
in befreiende Energie umwandeln*

Die Autorin zeigt Ihnen hier einen erfrischend einfachen Weg, wie Sie die im Problem gebundene Energie freisetzen und kraftvoll nutzen können. Die belastende Emotion verschwindet dann ganz von selbst – sie geht sozusagen durch uns hindurch. Diese überraschend einfache und sofort einsetzbare Methode eignet sich hervorragend für Selbsthilfe und Therapie.

254 Seiten, 20 Cartoons, Paperback (15 x 21,5 cm)
ISBN-10: 3-935767-34-X
ISBN-13: 978-3-935767-34-7

VAK-Newsletter (kostenlos) abonnieren unter www.vakverlag.de